DE LA NATURE,

DES DIVISIONS ET DE L'ÉTABLISSEMENT

DES

SERVITUDES RÉELLES

EN DROIT ROMAIN ET EN DROIT FRANÇAIS.

THÈSE DE DOCTORAT

SOUTENUE DEVANT LA FACULTÉ DE DROIT DE PARIS

Par Alphonse RAVEL.

PARIS

IMPRIMERIE DE W. REMQUET ET Cⁱᵉ

Rue Caraucière, 3.

1857

DE LA NATURE,

DES DIVISIONS ET DE L'ÉTABLISSEMENT

SERVITUDES RÉELLES

EN DROIT ROMAIN ET EN DROIT FRANÇAIS.

Président :　M. BONNIER, ... }
　　　　　　M. PERREYVE, } Professeurs.

Suffragants : { M. PELLAT,
　　　　　　　M. DEMANGEAT, } Suppléants.
　　　　　　　M. RATAUD,

DE LA NATURE,

DES DIVISIONS ET DE L'ÉTABLISSEMENT

DES

SERVITUDES RÉELLES,

EN DROIT ROMAIN ET EN DROIT FRANÇAIS.

THÈSE DE DOCTORAT,

SOUTENUE DEVANT LA FACULTÉ DE DROIT DE PARIS,

le lundi, 24 août 1857, à 1 heure,

Par Alphonse RAVEL.

PARIS.

IMPRIMERIE DE W. REMQUET ET Cⁱᵉ,

rue Garancière, nᵒ 5.

1857.

A MA MÈRE.

—

A MA FAMILLE.

—

A MES AMIS.

—

DES SERVITUDES RÉELLES

EN DROIT ROMAIN ET EN DROIT FRANÇAIS.

INTRODUCTION.

1. Définition des *droits*.

Un *droit* (en latin *jus*) est la *faculté morale, reconnue par la loi à une personne, d'exiger quelque chose d'une autre personne.*

On a donné de ce mot d'autres définitions. On a dit : « Un droit est la faculté qu'on a de faire, d'omettre ou « d'exiger quelque chose (1) »; « toute faculté qu'a « une personne de faire, d'omettre ou d'exiger quelque « chose (2) »; « la faculté qu'a un homme d'exiger quelque « chose d'un autre (3) »; « la faculté qu'a un homme « d'exiger d'un autre une action ou une inaction (4). »

Il nous a paru que ces définitions devaient être complétées ainsi que nous venons de le faire. En effet :

Nous disons *faculté morale*, car il ne s'agit pas ici de la possibilité d'exercer matériellement les forces physiques, et

---

(1) M. ORTOLAN, Généralisation du droit romain, n° 22.

(2) M. ORTOLAN, Généralisation du droit romain, n° 66.

(3) M. ORTOLAN, Explication des Instituts de Justinien, (résumé du livre I) page 318.

(4) M. ORTOLAN, Éléments de droit pénal, n° 14.

1.

nous sommes certain que, dans les définitions techniques que nous avons reproduites, on a voulu comprendre cette double idée dans le mot seul de « faculté », car, avant de donner la dernière, l'auteur de cette définition dit : « ... le « pouvoir moral, la faculté d'exiger... (1) » : dès lors, c'est, non pas la pensée, mais seulement l'expression qui est restée incomplète.

Nous disons *reconnue par la loi,* car, même en dehors des facultés physiques, toute possibilité spirituelle, immatérielle, n'est pas un droit : nul n'a le droit (en aurait-il le pouvoir) de tromper, ou de ne pas tenir une promesse valablement faite.

2. Distinction des *droits réels* et des *droits personnels.*

Les droits sont innombrables. Pour les étudier, il a fallu les diviser en groupes ; car, dans toute espèce d'étude, la division, la classification est une nécessité pour l'intelligence humaine, qui ne peut pas, d'un seul coup d'œil, saisir, dans son ensemble et dans ses détails, même une seule partie du champ indéfini livré à ses investigations.

La division des droits la moins arbitraire, la plus générale, la plus vulgaire, et la plus exacte au fond, bien qu'elle soit exprimée par des noms assez mal choisis, est celle qui les range tous en deux catégories : les *droits personnels* et les *droits réels.* Voici d'après quels caractères s'établit cette classification :

Il est certain d'abord que, d'après la définition même que nous avons donnée des droits (n° 1), c'est nécessairement et au profit d'une personne et contre une autre personne que les droits existent ; car on entend précisément par le mot *personne* (en latin *persona*), tout être, individuel ou collectif, considéré comme pouvant exiger quelque

---

(1) M. ORTOLAN, Éléments de droit pénal, n° 14.

chose, ou, au contraire, comme devant quelque chose, c'est-à-dire comme étant le sujet actif, ou, au contraire, le sujet passif des droits (1). D'après cela, tout droit pourrait donc être appelé justement droit personnel.

Il est certain ensuite que c'est nécessairement sur quelque chose que portent les droits, sur ce qui peut être exigé par l'un, sur ce qui est dû par l'autre, car on entend précisément par le mot *chose* (en latin *res*), tout être corporel ou incorporel, considéré comme pouvant être utile ou agréable aux personnes, c'est-à-dire comme pouvant être l'objet des droits (2). D'après cela, tout droit pourrait donc être appelé justement droit réel.

Tous les droits seraient donc en même temps personnels et réels. Évidemment ce n'est pas ainsi qu'on a entendu ces mots. Recherchons quel est le sens qu'on leur a attribué.

Dans tout droit, la société, l'ensemble de tous les hommes se trouve toujours et inévitablement comme sujet passif; et, ce que le sujet actif peut exiger d'eux tous et de chacun, ce qu'ils lui doivent, c'est de ne pas empêcher le sujet actif, de ne le troubler en rien dans ce qu'il veut, dans la manière dont il exerce ses facultés, dont il se met en rapport avec la chose, dont il en retire l'utilité, les avantages, de le laisser faire, en un mot de s'abstenir.

Mais, dans certains cas, la société n'est pas seule sujet passif du droit; il en est un autre; le sujet passif est double; outre l'ensemble des hommes tenus de s'abstenir, une autre personne est tenue encore spécialement, particulièrement, soit de s'abstenir aussi, de laisser faire, soit au contraire de faire (par exemple, de donner, de procurer une chose, d'agir de telle ou telle manière).

Il y a donc, dans ces cas-là, un élément de plus; de sorte que, au moyen d'une analyse exacte, on trouve

---

(1) Voyez M. Ortolan, Généralisation du droit romain, nos 3 et 4.
(2) Voyez M. Ortolan, Généralisation du droit romain, nos 3 et 36.

<table>
<tr><td>Tantôt : 1° une personne</td><td>sujet actif,</td><td>et tantôt : 1° une personne, sujet actif.</td></tr>
<tr><td>2° { la société,</td><td>premier sujet passif,</td><td></td></tr>
<tr><td>{ une personne spécialement tenue,</td><td></td><td>2° la société, sujet passif,</td></tr>
<tr><td></td><td>second sujet passif,</td><td></td></tr>
<tr><td>3° une chose,</td><td>objet du droit,</td><td>3° une chose, objet du droit.</td></tr>
</table>

Mais cette analyse est une œuvre de la science moderne. Ce rôle d'abstention imposé à la société tout entière n'avait pas été suffisamment remarqué autrefois ; on n'avait pas tenu compte de cet élément ; et, à la rigueur, en recherchant la différence qui existe entre ces deux espèces de droits, on peut bien le négliger, puisqu'il se rencontre identique dans les deux catégories.

Si on le néglige, on remarque que, dans les droits de la première catégorie, ce second sujet passif, cette personne de plus est d'une grande importance, puisque c'est par son intermédiaire que doit passer le sujet actif avant d'arriver à la chose : aussi ces droits sont-ils appelés *droits personnels.*

On remarque encore que, dans les droits de la seconde catégorie, le sujet actif arrive immédiatement à la chose, objet du droit : aussi ces droits sont-ils appelés *droits réels.*

On peut donc formuler ainsi la définition du droit personnel et celle du droit réel :

Le *droit personnel* est celui en vertu duquel on peut contraindre une personne, spécialement, à faire ou à s'abstenir ;

Le *droit réel* est celui en vertu duquel on peut retirer d'une chose des avantages plus ou moins considérables, mais sans qu'aucune personne, spécialement, puisse être contrainte à faire ou à s'abstenir (1).

5. Droits personnels.

Les droits personnels sont souvent désignés sous les noms

---

(1) Voyez M. ORTOLAN, Généralisation du droit romain, n° 67.

de *droits d'obligation, droits de créance.* Nous n'avons pas
à nous en occuper ici.

4. Droits réels.

Puisque les droits réels consistent dans la faculté de retirer directement d'une chose tels ou tels avantages qu'elle
peut procurer, on conçoit qu'il doit y avoir un certain
nombre de droits réels différents, suivant que les avantages
qu'on a la faculté de retirer sont plus ou moins importants
et en plus ou moins grande quantité (1).

5. Propriété.

Lorsque, dans une législation donnée, une personne a la
faculté de retirer directement d'une chose tous les avantages qu'il est permis d'en retirer d'après cette législation,
on dit que cette personne a sur cette chose le *droit de propriété* (en latin *jus dominii, jus proprietatis*) (2).

La *propriété* est donc la réunion de droits la plus considérable qu'il est permis d'avoir sur une chose; elle est le
type des droits réels. Et c'est précisément parce que cette
réunion de droits est très-considérable, parce qu'elle fait
de cette chose une continuation, une partie, pour ainsi dire,
de notre personnalité, qu'elle la fait nôtre, qu'elle nous
l'assimile, qu'elle nous la rend propre, que ce droit a été
ainsi nommé *proprietas*, la *propriété* (3).

---

(1) Voyez M. ORTOLAN, Généralisation du droit romain, n° 75.

(2) Voyez M. PELLAT, Principes du droit romain sur la propriété et sur l'usufruit, n° 1.

(3) Voyez M. ORTOLAN, Généralisation du droit romain, n° 76; et Explication des
Instituts de Justinien, tome I, page 357; et M. PELLAT, Principes du droit romain sur
la propriété et sur l'usufruit, n° 6.

6. Droits élémentaires compris dans la propriété.

Parmi les drois élémentaires compris dans le droit complexe de propriété, les principaux sont :

1° Le *droit d'user*. . . (en latin *jus utendi*),
2° Le *droit de jouir*. (« *jus fruendi*),
3° Le *droit de disposer*. (« *jus abutendi*).

Or, *user*, c'est se servir de la chose, en retirer une utilité qui puisse se renouveler ;

Jouir, c'est percevoir les *fruits*, c'est-à-dire les produits périodiques qu'elle donne d'après sa destination ;

Disposer, c'est faire de la chose un usage qui ne peut plus se renouveler, au moins pour la même personne ; c'est, par exemple, la détruire, la consommer, l'aliéner (1).

Mais, outre ces droits principaux, la propriété en comprend d'autres encore ; ainsi :

— Le droit de percevoir les produits qui ne sont pas des fruits;

— Le droit d'acquérir tout ce qui s'incorpore accessoirement à la chose;

— Le droit de modifier cette chose, de la diviser, de conférer sur elle des droits réels à d'autres personnes;

— etc. (2).

7. Le *droit de disposer* conserve toujours le nom de *propriété*; les droits des autres personnes s'appellent des *servitudes*.

Or, il est possible que tous ces droits ne restent pas réunis, qu'ils soient séparés les uns des autres, qu'ils n'appartiennent pas à la même personne ; il est possible que, l'un ayant le droit de disposer, un autre ait un ou plusieurs des autres droits que renferme la propriété entière ; et même,

---

(1) Voyez M. ORTOLAN, Généralisation du droit romain, n° 76; et M. PELLAT, Principes du droit romain sur la propriété et sur l'usufruit, n° 1.

(2) Voyez M. ORTOLAN, Généralisation du droit romain, n° 76.

plusieurs personnes peuvent avoir des démembrements de la propriété d'une même chose.

Mais le droit de disposer est toujours regardé comme l'élément principal, essentiel de la propriété, comme celui auquel les autres, quand ils en ont été accidentellement détachés, doivent naturellement et inévitablement venir se joindre, dès que la cause de ce fractionnement cessera d'exister. Aussi conserve-t-il le nom de *propriété*, tandis que les autres droits sont considérés comme ayant pour objet la chose d'autrui (1). Quand il est seul, ou du moins dépouillé des avantages importants que donnent le droit d'user et le droit de jouir, on le nomme *nue propriété* (en latin *nuda proprietas*) (2).

Les droits des autres personnes s'appellent, d'une manière générale, des *servitudes* (en latin *servitutes*).

Suivant une distinction que nous expliquerons bientôt (n° 10), les servitudes se divisent en deux grandes classes : les *servitudes personnelles*, et les *servitudes réelles*.

Les servitudes personnelles sont :

L'usage. . . (en latin *usus*), c'est-à-dire le droit d'user;

La jouissance (en latin *fructus*), c'est-à-dire le droit de jouir;

Et l'usufruit (en latin *ususfructus*), c'est-à-dire la réunion de ces deux droits : le droit d'user et le droit de jouir.

Quant aux servitudes réelles, elles forment l'objet de cette étude, et nous aurons à en parler assez longuement plus tard (n°ˢ 13 et suivants).

8. Définition de la *propriété*.

La législation romaine ne définit nulle part la propriété (3).

---

(1) Voyez M. ORTOLAN, Explication des Instituts de Justinien, t. I, p. 359 et 410.

(2) Voyez M. PELLAT, Principes du droit romain sur la propriété et sur l'usufruit, n° 3.

(3) Voyez M. ORTOLAN, Explication des Instituts de Justinien, tome I, page 356; et MM. DU CAURROY, BONNIER et ROUSTAIN, Commentaire du Code civil, tome II, n° 73.

Le Code Napoléon, au contraire, a voulu dans un de ses articles, en donner une définition, en énumérant les droits qui la composent; mais cette énumération est bien incomplète, car d'abord elle ne mentionne nullement ces droits, moins importants, il est vrai, dont nous avons parlé à la suite des trois principaux qui sont contenus dans la propriété, et de plus elle n'indique, ou du moins elle ne paraît indiquer que deux de ces droits principaux, que nous avons cru pourtant devoir distinguer avec soin : « *La propriété* », dit le Code Napoléon, « *est le droit de jouir et de disposer des choses de la manière*, etc. » (1). *Jouir* et *disposer* : la loi ne parle pas explicitement du droit d'*user*. Cela tient à une confusion que les rédacteurs du Code Napoléon ont commise après Domat, et par suite de laquelle, sous la seule expression *droit de jouir*, sont compris les deux droits que les Romains appelaient *jus utendi* et *jus fruendi*, et que nous appelons *droit d'user* et *droit de jouir*.

Voici comment s'opéra cette confusion : — Dans l'ancien droit romain, l'*usager* (en latin *usuarius*), ainsi que son nom même l'indique, n'avait que le droit d'user : « ...... *uti potest, frui non potest*.... (2) » « *Constituitur* .... il peut user, il ne peut pas jouir..... On constitue *etiam nudus usus, id est sine fructu*.... (3) ». Mais, plus tard, aussi l'usage nu, c'est-à-dire sans la jouissance... les jurisconsultes arrivèrent peu à peu à penser que, dans certains cas et exceptionnellement, on devait, par différents motifs, accorder à l'usager, outre l'usage, une partie de la jouissance, c'est-à-dire la faculté de percevoir certains fruits restreinte à ses besoins quotidiens (4). Domat trouva cette décision consacrée par Justinien en ces termes :

---

(1) Code Napoléon, article 544.
(2) Digeste, livre 7, titre 8, fragment 2, principium.
(3) Digeste, livre 7, titre 8, fragment 1, § 1.
(4) Voyez M. Ortolan, Explication des Instituts de Justinien, tome I, page 113.

« *Minus autem scilicet juris est in usu quam in usu-*
Mais il y a assurément moins de droit dans l'usage que dans l'usu-
fructu. Namque is qui fundi nudum habet usum, nihil
fruit. Car celui, qui a l'usage nu d'un fonds n'est
ulterius habere intelligitur quam ut oleribus, pomis, flori-
réputé avoir rien de plus que le droit d'user des légumes, des fruits, des
bus, fœno, stramentis et lignis ad usum quotidianum utatur. »
fleurs, du foin, des pailles et du bois, pour son usage quotidien.
(Il y a là deux expressions, dont l'une n'est pas heureuse en
cette matière, et dont l'autre est très-inexacte : « ... *ad*
« usum *quotidianum* utatur. » : pour les légumes, les fruits,
etc., ce n'est pas l'usage que l'usager en a, mais la propriété. Il fallait dire : « ... que le droit de *prendre*, pour
« ses *besoins* quotidiens, des légumes, etc... ») « *In eo quo-*
Il lui est per-
que fundo hactenus ei morari licet, ut neque domino
mis aussi de demeurer sur ce fonds, pourvu qu'il ne soit ni une
fundi molestus sit, neque iis per quos opera
gêne pour le propriétaire du fonds, ni un empêchement pour ceux par qui
rustica fiunt, impedimento : nec ulli alii jus quod habet aut
se font les travaux de la campagne : et il ne peut louer, vendre ou
locare, aut vendere, aut gratis concedere potest ; cum is qui
concéder gratuitement à aucun autre le droit qu'il a ; tandis que
usumfructum habet, potest hæc omnia facere (1). » Domat
celui qui a l'usufruit peut faire toutes ces choses,
prit pour la règle générale ces concessions exceptionnelles,
et confondit, quant à leur nature même, l'usufruit et l'u-
sage, ne laissant plus subsister entre ces deux droits d'autre
différence, sinon que l'usage est un usufruit restreint aux
besoins de l'usager : « L'usage », dit-il, « est distingué de
« l'usufruit en ce que, au lieu que l'usufruit est le droit de
« jouir de tous les fruits que peut produire le fonds »
(autre inexactitude : l'usufruit n'est pas le droit de jouir
des fruits, ce qui constituerait l'usufruit des fruits ; c'est le

---

(1) Institutions de Justinien, livre 2, titre 5, § 1.

droit de se les approprier, ce qui en constitue la propriété au profit de l'usufruitier), « l'usage ne consiste qu'à « prendre, sur les fruits, la portion que l'usager peut en « consommer (1). » Et les rédacteurs du Code Napoléon, trop fidèles à suivre l'erreur de Domat, ont cru pouvoir exprimer par le seul mot *jouir* et le droit d'usage et le droit de jouissance, tels que nous les avons définis (n 6) (2).

Mais, quelque nombreux et importants que soient les droits dont la réunion forme la propriété, la propriété n'est cependant pas un droit sans limites, en vertu duquel on puisse faire de sa chose tout ce qu'on voudrait, quelque dommage qui pût en résulter pour autrui. C'est à tort qu'on voudrait le conclure de l'expression « ..... *plenam in* (une pleine) *re... potestatem* », qui se trouve dans le texte suivant, tiré (puissance sur la chose) du droit romain : « *Cum autem finitus fuerit (? totus)* (Mais lorsque (? tout)) l'usufruit *ususfructus, revertitur scilicet ad proprietatem, et ex eo* (est fini, il est clair qu'il retourne à la propriété, et, dès ce) *tempore nudæ proprietatis dominus incipit plenam in re ha-* (moment, le maître de la nue propriété commence à avoir une pleine puis-) *bere potestatem (3).* » Ce serait abuser de cette expression : (sance sur la chose.)

ce texte, en effet, se préoccupe, non pas de rechercher quelle est l'étendue exacte du droit de propriété, mais, loin de là, de faire contraster ce droit, soit avec l'usufruit, qui n'en est qu'un démembrement, soit avec la nue propriété ; et il n'y a rien d'étonnant à ce que, pour rendre le contraste plus frappant, il ne se soit pas défendu d'une certaine exagération dans les termes.

<hr>

(1) Domat, Lois civiles, livre 1, titre 11, section 2.

, (2) Voyez MM. Du Caurroy, Bonnier et Roustain, Commentaire du Code civil, tome II, nos 73 et 153.

(3) Institutions de Justinien, livre 2, titre 4, § 4.

Mais le Code Napoléon se propose, au contraire, pour but unique, dans l'article dont nous avons cité les premiers mots tout à l'heure, de donner une définition de la propriété ; après avoir dit : « *La propriété est le droit de jouir et de disposer des choses de la manière la plus absolue* », il ajoute immédiatement : « *pourvu qu'on n'en fasse pas un usage prohibé par les lois ou par les règlements* (1) », ce qui établit bien que, quelque larges que soient les droits du propriétaire, ils sont cependant limités par le législateur, dans un intérêt général (2). Et en effet, même sans rechercher les dispositions nombreuses qui, dans les autres parties de la législation française, restreignent les pouvoirs du propriétaire (3), nous trouvons, dans ce Code même (4), des restrictions à ces pouvoirs, ainsi que nous aurons occasion de le démontrer plus tard (tome II, n° 14) (5).

Nous pensons donc qu'il faudrait définir ainsi la propriété : *Le droit d'user, de jouir, de disposer d'une chose, et d'en retirer tous les autres avantages qu'elle peut procurer, pourvu qu'on n'agisse pas d'une manière prohibée par la loi.*

8. Définition des Servitudes.

D'après ce que nous avons dit précédemment (n° 7), les *servitudes* (en prenant ce mot dans un sens large) sont *des*

---

(1) Code Napoléon, article 544.

(2) Voyez M. Ortolan, Généralisation du droit romain, n° 76, et Explication des Instituts de Justinien, tome I, page 357.

(3) Voyez notamment : — les lois de douanes, qui prohibent l'importation ou l'exportation de certaines marchandises ; — la loi du 28 avril 1816, article 180, la loi du 12 février 1835, la loi du 23 avril 1840, qui prohibent la culture du tabac ; — le Code forestier, article 219, la loi du 22 juillet 1847, qui prohibent le défrichement des forêts ; — la loi du 16 septembre 1807, articles 1-27, qui règle le desséchement des marais ; — et les règlements portés par le chef du gouvernement après délibération en Conseil d'État.

(4) Voyez Code Napoléon, articles 640 à 685.

(5) Voyez MM. Du Caurroy, Bonnier et Roustain, Commentaire du Code civil, tome II, n° 90.

*démembrements de la propriété, des droits réels en vertu des-
quels une personne peut tirer de la chose d'autrui certains
avantages.*

On les appelle quelquefois simplement des *droits* (en latin *jura*).

Quant à leur dénomination propre de *servitudes*, elle
leur vient de ce que la chose est réputée libre, lorsqu'elle
est dans son état ordinaire, c'est-à-dire que le propriétaire
seul a des droits sur elle; mais, quand un autre que le propriétaire a aussi des droits sur cette chose, elle est, en quelque sorte, assujettie, asservie, esclave, en servitude (1).

10. **Distinction des** *servitudes personnelles* **et des** *servitudes réelles.*

Mais ces avantages peuvent être conférés spécialement à
telle personne déterminée, considérée particulièrement et
en elle-même, et qui seule par conséquent pourra avoir ce
droit ainsi constitué en sa faveur; ou bien ils peuvent être
établis au contraire, non point pour telle personne, mais
pour toute personne quelconque qui sera propriétaire de
tel immeuble spécialement désigné; ils sont alors, pour
ainsi dire et par figure de langage, conférés à cet immeuble
même, pour en accroître l'utilité ou l'agrément. C'est
précisément de ces caractères différents que ces droits, que
ces servitudes prennent, dans le premier cas, le nom de
servitudes personnelles (en latin *servitutes personales* (2),
servitutes personarum) (3), et, dans le second, celui de
servitudes réelles ou de *servitudes prédiales* (en latin *servitutes rerum* (4), *servitutes prædiorum*) (5) (6).

____

(1) Voyez M. Ortolan, Explication des Instituts de Justinien, tome I, page 410; et
M. Pellat, Principes du droit romain sur la propriété et sur l'usufruit, n° 5.

(2) Voyez Digeste, livre 34, titre 3, fragment 8, § 3.

(3) Voyez Digeste, livre 8, titre 1, fragment 1.

(4) Voyez Digeste, livre 8, titre 1, fragment 1.

(5) Voyez Digeste, livre 8, titre 1, fragment 3.

(6) Voyez M. Félix Berriat-Saint-Prix, Notes sur le Code civil, n°s 2215 et

Telle est la distinction que nous avions précédemment annoncée (n° 7).

Elle existait, parfaitement établie et sous ces dénominations mêmes, dans le droit romain et dans l'ancien droit français. Elle existe encore aujourd'hui ; mais les jurisconsultes seuls, et non les législateurs, ont conservé cette terminologie. Le Code Napoléon, tout en admettant cette distinction, ne la formule pas ainsi. C'était encore sous la première République qu'écrivaient les rédacteurs de ce Code, qui portait alors le nom de Code civil des Français ; aussi ont-ils hésité à insérer dans leur œuvre le mot trop justement odieux de *servitude*. A regret, et pour ne pas briser complétement avec la langue du droit formée et connue, ils l'ont admis pour désigner les *servitudes réelles*, que dès lors ils nomment simplement « *servitudes* (1) », sans aucune qualification ; et encore remplacent-ils quelquefois, même dans ce cas, cette dénomination par celle de « *services fonciers* (2) ». Mais, quant aux autres, que nous avons appelées des *servitudes personnelles*, ils les appellent des « *droits de jouissance* (3) » : par là, ils ont voulu proscrire de la législation nouvelle qu'ils donnaient à la France, et l'idée de l'esclavage, et jusqu'au souvenir des droits féodaux. Les droits féodaux avaient été à jamais détruits par la première Assemblée constituante dans la fameuse nuit du 4 août 1789 (4). L'esclavage, déjà supprimé dans les colonies françaises (5), venait, il est vrai, d'être rétabli sous le gouvernement consulaire (6) ; mais les mœurs et les tendances du pays le

---

2218-1°; MM. Du Caurroy, Bonnier et Roustain, Commentaire du Code civil, tome II, n° 139 ; M. Ortolan, Explication des Instituts de Justinien, tome I, pages 410 et 411 ; et M. Pellat, Principes du droit romain sur la propriété et sur l'usufruit, n° 5.

(1) Code Napoléon, rubrique du titre 4 du livre 2, et articles 637 et suivants.

(2) Code Napoléon, articles 526 et 543, et rubrique du titre 4 du livre 2.

(3) Code Napoléon, article 543.

(4) Voyez Décret du 4 août 1789, article 1.

(5) Voyez Lois du 16 pluviôse an II, et du 12 germinal an II.

(6) Voyez Loi du 30 floréal, an X.

repoussaient ! grâce à l'influence divine du Christianisme, il est aujourd'hui définitivement aboli, du moins sur toute terre française (1). Par un scrupule plein de noblesse, quoiqu'il soit peut-être exagéré, ils n'ont pas osé, ils n'ont pas voulu inscrire dans le Code français, même le mot de *servitude personnelle* (2).

Nous conserverons néanmoins cette terminologie usuelle.

11. Points communs aux servitudes personnelles et aux servitudes réelles.

Cette distinction entraîne des règles différentes pour ces deux classes de servitudes. Mais il n'en reste pas moins entre elles des similitudes importantes sur un certain nombre de points :

1° Toutes les servitudes sont des droits réels, puisqu'elles sont toutes des démembrements de la propriété, ainsi que nous l'avons établi (n°ˢ 7 et 9).

2° Puisque la propriété est la réunion de droits la plus considérable qu'il est permis d'avoir sur une chose (n° 5), il est évident qu'un propriétaire ne peut pas avoir sur sa propre chose un droit de servitude séparé, formel, selon l'expression anciennement consacrée ; car ce droit, quel qu'il soit, il l'a déjà, compris dans son droit, bien plus large, de propriété. C'est ce que les Romains exprimaient par cette phrase : « ... *nulli ... res sua servit ...* (3) »
personne n'a de servitude sur sa chose.

Pour qu'il y ait servitude, il faut donc qu'il y ait une personne, celle qui a le droit de servitude, distincte du propriétaire de la chose. C'est ce qu'exprime le Code Napoléon dans les définitions qu'il donne de l'usufruit et des servitudes réelles : « *L'usufruit est le droit de jouir des choses*

---

(1) Voyez Décrets du Gouvernement provisoire, du 4 mars 1848, et du 8 avril 1848.

(2) Voyez MARCADÉ, Cours de droit civil français, livre 2, titre 4, prolégomènes.

(3) Digeste, livre 8, titre 2, fragment 26.

DONT UN AUTRE A LA PROPRIÉTÉ.. (1) » « *Une servitude est une charge imposée ... pour l'usage et l'utilité d'un héritage* APPARTENANT A UN AUTRE PROPRIÉTAIRE (2). » (3), et c'est pourquoi « *L'usufruit s'éteint par la consolidation ou la réunion sur la même tête des deux qualités d'usufruitier et de propriétaire ...* (4) » et « *Toute servitude est éteinte lorsque le fonds à qui elle est due, et celui qui la doit, sont réunis dans la même main* (5). »

3° Mais il n'en résulte pas que ce soit contre le propriétaire que cette servitude existe, car elle constituerait alors un droit personnel et non un droit réel ; le propriétaire n'est pas obligé à faire, mais, comme tout le monde, il n'est tenu qu'à s'abstenir de troubler l'exercice de la servitude : « *Servitutum non ea natura est, ut aliquid faciat*

La nature des servitudes est, non pas que quelqu'un fasse quelque

quis..... sed ut aliquid patiatur, aut non faciat (6). »

chose......, mais qu'il souffre ou qu'il ne fasse pas quelque chose.

4° Dans les rapports qu'ils ont nécessairement entre eux, le propriétaire et celui qui a la servitude ne doivent jamais empiéter sur les droits l'un de l'autre. Une fois la servitude constituée, le propriétaire ne peut pas diminuer les droits de celui qui a la servitude ; c'est pourtant ce qui arriverait s'il établissait une nouvelle servitude sur la première ; et, réciproquement, il parait bien difficile que celui qui a la servitude puisse en établir une nouvelle sur celle-là, sans nuire aussi aux droits du propriétaire. C'est pour cela qu'on a admis en principe général qu'une servitude ne peut être établie sur une autre servitude. Cette règle était ainsi formulée dans le droit romain : « ..... *servitus servitutis*

une servitude sur une

---

(1) Code Napoléon, article 578.
(2) Code Napoléon, article 637.
(3) Voyez M. DEMOLOMBE, Cours de Code Napoléon, tome IX, n° 843.
(4) Code Napoléon, article 617.
(5) Code Napoléon, article 705.
(6) Digeste, livre 8, titre I, fragment 15, § 1.

esse non potest..... (1) »; mais il faut reconnaître qu'elle
servitude ne peut exister.
n'est écrite nulle part dans la législation française. Quoi qu'il
en soit, s'il fallait l'appliquer rigoureusement, on pourrait
toujours, en droit romain comme en droit français, obtenir
un résultat qui se rapprocherait de celui qu'on se propo-
sait, en établissant, par convention ou par testament, non
pas des servitudes, droits réels, mais des droits personnels,
des obligations.

5° Enfin, comme les servitudes sont des droits, des
choses incorporelles, elles ne sont pas susceptibles de détention matérielle ni conséquemment de possession proprement dite. Ce principe s'applique entièrement aux servitudes
négatives, c'est-à-dire celles qui consistent en ce que le
propriétaire de la chose ne peut plus exercer de telle ou
telle manière son pouvoir sur cette chose. Quant à celles
qui consistent, non pas dans une abstention de la part du
propriétaire, mais dans la faculté accordée à celui qui a la
servitude, de tirer de la chose tel ou tel avantage positif,
l'exercice de cette faculté, joint à l'intention de l'exercer
comme lui appartenant, a été considéré comme une sorte
de possession ; les Romains l'appelaient *quasi-possessio :*
« ... *fundi possessionem, vel ususfructus quasi possessio-*
... la possession d'un fonds, ou la quasi-possession d'un
nem... (2) » et le Code Napoléon lui donne même le nom
usufruit...
de possession, puisqu'il désigne par ce mot, non-seulement
« ... *la détention... d'une chose.... que nous tenons... par*
« *nous-mêmes, ou par un autre qui la tient en notre nom* »,
mais encore « ... *la jouissance... d'un droit... que nous*
« *exerçons par nous-mêmes, ou par un autre... qui l'exerce*
« *en notre nom* (3). » (4)

---

(1) Digeste, livre 33, titre 2, fragment 1.
(2) Digeste, livre 4, titre 6, fragment 23, § 2.
(3) Code Napoléon, article 2228.
(4) Voyez M. Ortolan, Explication des Instituts de Justinien, tome 1, pages 111

12. Objet et divisions de ce traité.

Notre intention n'est pas de nous occuper de ces deux classes de servitudes; nous nous proposons seulement d'étudier les servitudes réelles, et encore ne le ferons-nous pas en entier.

Un travail complet sur cette matière devrait, d'après nous, comprendre les six chapitres suivants :

Chapitre I. — De la Nature des servitudes réelles;
«   II. — Des Divisions des servitudes réelles;
«   III. — De l'Établissement des servitudes réelles;
«   IV. — Des Effets des servitudes réelles;
«   V. — De l'Extinction des servitudes réelles;
«   VI. — De la Garantie des servitudes réelles.

Nous restreindrons ce sujet, et nous ne traiterons que les trois premiers chapitres; mais nous le ferons, tant en droit romain qu'en droit français, et dans deux parties différentes.

---

et 412 ; et M. Pellat, Principes du droit romain sur la propriété et sur l'usufruit, n° 81.

DES SERVITUDES RÉELLES.

PREMIÈRE PARTIE.

DES SERVITUDES RÉELLES

EN DROIT ROMAIN.

CHAPITRE PREMIER.

De la Nature des servitudes réelles.

13. *Définition et importance des servitudes réelles.*

Des notions générales exposées dans notre introduction (n° 7, 9 et 10), il résulte qu'une servitude réelle est *un démembrement de la propriété, un droit réel établi sur un immeuble pour l'utilité ou l'agrément d'un immeuble appartenant à un autre propriétaire.*

Cette définition indique de quelle manière intime ces droits se rattachent à la propriété, puisque, d'un côté, ils en augmentent les avantages, tandis que, de l'autre, ils les diminuent ; et, par cela même, elle montre l'importance des servitudes réelles.

Cette importance est d'autant plus grande, que les servitudes réelles sont extrêmement fréquentes : le grand nombre de ces droits tient à ce que l'avantage qu'ils procurent aux fonds au profit desquels ils existent, est, presque toujours, très-considérable, tandis que le préjudice qu'ils causent aux fonds sur lesquels ils portent, est comparativement minime. L'agriculture et les différentes relations de voisinage réclament très-souvent l'établissement de servitudes réelles (1).

14. Sujets des servitudes réelles.

Le sujet actif de ce droit, c'est la personne quelconque propriétaire du fonds en faveur duquel est établie la servitude.

Le sujet passif de ce droit, c'est la personne quelconque propriétaire du fonds sur lequel est établie la servitude.

Et peu importe que ces personnes changent ; c'est uniquement à cette qualité de propriétaire qu'il faut s'attacher pour reconnaître le sujet actif et le sujet passif de ce droit (2).

C'est parce que ces servitudes semblent ainsi attachées aux choses (en latin *res*) plutôt qu'aux personnes, que, par opposition aux servitudes personnelles, on les a appelées des *servitudes réelles* (*servitutes rerum*).

15. Les servitudes réelles ne s'appliquent qu'à des immeubles.

Ces choses sont nécessairement des immeubles, des héritages, des fonds (*prædia, fundi*). A la différence des servitudes personnelles, ces servitudes ne peuvent pas s'appliquer à des choses mobilières : elles constituent, en effet, des relations entre deux choses, pour ainsi dire (n° 14), et des relations qui, de leur nature, sont permanentes (n° 19), tandis que les servitudes personnelles constituent, au contraire, des relations entre une personne et une chose, et

---

(1) Voyez M. Demolombe, Cours de Code Napoléon, tome XI, n° 1.

(2) Voyez M. Ortolan, Explication des Instituts de Justinien, tome I, pages 411 et 412.

des relations temporaires : si les servitudes réelles étaient établies sur des meubles, il serait trop facile d'en empêcher l'exercice par le déplacement des meubles eux-mêmes ; les immeubles seuls ont assez de fixité pour le maintien de ces relations permanentes entre deux choses (1).

C'est pour cela qu'on les a appelées aussi des *servitudes prédiales (servitutes prædiorum) :* « *Ideo autem hæ servitu-tes prædiorum appellantur, quoniam sine prædiis constitui non possunt...(2)* »

Or ces servitudes sont appelées prédiales, parce que sans héritages (*prædia*), elles ne peuvent pas être constituées...

16. Ces immeubles doivent être au nombre de deux, et voisins.

Ces immeubles, ces fonds doivent être au nombre de deux : celui au profit duquel la servitude existe et celui sur lequel elle existe.

Il faut que ces fonds soient voisins ; car il n'y aurait aucun avantage à établir une servitude sur un fonds trop éloigné du fonds qui devrait en profiter ; et nous allons voir (n° 17) que toute servitude qui ne procure pas à un fonds quelque utilité ou quelque agrément, ne peut pas exister. Mais ce rapport de voisinage varie suivant les diverses servitudes : il suffit d'une proximité telle que la servitude particulière que l'on se propose d'établir puisse s'exercer. Souvent, il faudra que les deux fonds soient contigus, par exemple, si la servitude consiste dans le droit qu'a l'un des propriétaires de placer sa poutre dans le mur de l'autre (*servitus tigni im-mittendi*), de laisser tomber l'eau de son toit sur le fonds de l'autre, qui, dès lors, est forcé de la recevoir (*servitus*

---

(1) Voyez M. Félix Berriat-Saint-Prix, Notes sur le Code civil, n° 2218 – 3°; M. Demolombe, Cours de Code Napoléon, tome XI, n° 2; et M. Ortolan, Explication des Instituts de Justinien, tome I, page 411.

(2) Institutions de Justinien, livre 2, titre 3, § 3; et Digeste, livre 8, titre 4, fragment 1, § 1.

stillicidii recipiendi), etc.; mais, quelquefois, la distance pourra être assez considérable entre les deux fonds, par exemple, si la servitude consiste dans le droit qu'a l'un des propriétaires de passer lui-même sur le fonds de l'autre *(servitus itineris),* d'y faire passer de l'eau *(servitus aquæductus),* etc. (1).

17. Les servitudes réelles doivent procurer un avantage.

L'un de ces fonds doit nécessairement retirer, de la servitude réelle, un certain avantage d'utilité ou d'agrément.

Cet avantage consiste précisément dans un démembrement de la propriété de l'autre fonds, dans un droit qui en est détaché pour être ajouté à la propriété du premier.

Aussi les servitudes réelles, transférant ainsi à un fonds une utilité ou un agrément qui naturellement appartiendrait à un autre fonds, peuvent être considérées comme des manières d'être, comme des qualités, avantageuses ou défavorables, des immeubles, au profit desquels ou sur lesquels elles sont établies : « *Quid aliud sunt jura præ-* Que sont autre chose les servitudes *diorum, quam prædia qualiter se habentia, ut bonitas,* d'héritage que les héritages se trouvant de telle manière, comme la bonté que des qualités des héritages, *salubritas, amplitudo?* (2) » (3) la salubrité, l'étendue?

Mais il n'est pas permis de déroger inutilement à l'état normal de la propriété, et d'établir une servitude, s'il ne doit pas en résulter pour un fonds un avantage quelconque.

---

(1) Voyez M. Félix Berriat-Saint-Prix, Notes sur le Code civil, no 2218-2 ; M. Demolombe, Cours de Code Napoléon, tome XII, n° 692; et M. Ortolan, Explication des Instituts de Justinien, tome I, pages 419 et 420.

(2) Digeste, livre 50, titre 16, fragment 86.

(3) Voyez M. Félix Berriat Saint-Prix, Notes sur le Code civil, n° 2216; et M. Ortolan, Explication des Instituts de Justinien, tome I, page 412.

La situation même des immeubles peut être telle que cet avantage ne soit pas possible, et dès lors la servitude ne peut pas exister. — Ainsi, s'il se trouvait entre les deux fonds un terrain qu'on ne pût traverser, on ne pourrait pas attribuer à l'un des fonds sur l'autre une servitude de passage, car il serait impossible d'exercer cette servitude : « ..... *Sacri et religiosi loci interventus.... itineris servitu-* .... L'interposition d'un lieu sacré et religieux... empêche la servitude de *tem impedit : cum servitus per ea loca nulli deberi* passage, puisque une servitude à travers ces lieux ne peut être due à per- *possit* (1). » « ... *loco sacro, vel religioso, vel sancto inter-* sonne.   ... étant interposé un lieu sacré, ou religieux, ou saint, *veniente, quo fas non sit uti, nulla eorum servitus imponi* dont il n'est pas permis de se servir, aucune servitude ne pourra leur être *poterit* (2). » — Ainsi encore, si, par suite de la distance imposée.

qu'il y aurait entre deux fonds, ou d'un obstacle élevé, soit par la nature, soit par la main de l'homme, de l'un de ces fonds on ne pouvait pas voir l'autre, comme il n'y aurait alors aucun avantage pour l'un des propriétaires à ce que l'autre ne bâtit pas sur son fonds, ou n'élevât pas plus haut ses constructions, on ne pourrait pas attribuer à l'un des fonds sur l'autre une pareille servitude : « *Si ædes meæ a tuis ædibus tantùm distent,* Si ma maison est tellement distante de ta maison, *ut prospici non possint, aut medius mons earum cons-* qu'elle ne puisse pas être aperçue, ou si une montagne intermédiaire en *pectum auferat, servitus imponi non potest* (3). » — « *Nemo* ôte la vue,   la servitude ne peut pas être imposée.   Car *enim propriis ædificiis servitutem imponere potest, nisi* personne ne peut imposer de servitude sur ses propres constructions, à *et is qui cedit et is cui ceditur in conspectu ha-* moins que celui qui la cède et celui à qui elle est cédée n'aient ces cons-

---

(1) Digeste, livre 8, titre 1, fragment 14, § 2.
(2) Digeste, livre 39, titre 3, fragment 17, § 3.
(3) Digeste, livre 8, titre 2, fragment 38.

bcant ea ædificia; ita ut officere alterum alteri
truclions en vue (l'une de l'autre), de manière à ce qu'elles puissent se nuire
possint (1). » — « .... si inter meas et Titii ædes tuæ ædes
l'une à l'autre, ... si entre ma maison et celle de Titius la maison
intercedant, possum Titii ædibus servitutem imponere,
est interposée, je puis imposer sur la maison de Titius la servitude qu'il
ne liceat ei altius tollere, licet tuis non imponatur :
ne lui soit pas permis d'élever plus haut, quoiqu'elle ne soit pas im-
quia donec tu non extollis, est utilitas
posée sur la tienne, parce que, tant que tu n'exhausses pas, l'utilité de la
servitutis (2). »
servitude existe.

Il n'y aurait non plus aucun avantage à ce que le propriétaire d'un fonds ne pût le traverser, ni s'y arrêter, ni
en recueillir les fruits; et, dès lors, cette servitude ne peut
exister : « *Quotiens nec hominum, nec prædiorum servitutes*
Toutes les fois que les servitudes ne sont ni personnelles, ni
sunt, quia nihil vicinorum interest, non valet :
prédiales, comme elles ne sont pas utiles aux voisins, cela ne vaut :
veluti ne per fundum tuum eas, aut ibi consistas. Et
ainsi, que tu ne passes pas sur ton fonds, ou que tu ne t'y arrêtes pas. Et,
ideo si mihi concedas jus tibi non esse fundo
à cause de cela, si tu me concèdes que tu n'as pas le droit d'user et de
tuo uti frui, nihil agitur. Aliter atque si concedas mihi
jouir de ton fonds, rien n'est fait. Il en est autrement si tu me concèdes
jus tibi non esse in fundo tuo aquam quærere minuendæ
que tu n'as pas le droit de prendre de l'eau dans ton fonds, pour dimi-
aquæ meæ gratia (3). » (4)
nuer mon eau.

Ajoutons enfin que, lors même que le droit concédé
présenterait incontestablement une certaine utilité ou un

---

(1) Digeste, livre 8, titre 2, fragment 39.
(2) Digeste, livre 8, titre 5, fragment 5.
(3) Digeste, livre 8, titre 1, fragment 15, principium.
(4) Voyez M. Demolombe, Cours de Code Napoléon, tome XII, n° 691.

certain agrément, et que ce serait à l'occasion d'un fonds,
ce droit ne constituerait pas cependant une servitude réelle,
si l'avantage qu'il procure est uniquement dans l'intérêt des
personnes, mais ne facilite pas l'exploitation d'un fonds,
ou n'en rend pas le séjour plus agréable. « *Ut pomum*
Qu'il soit per-
decerpere liceat, et ut spatiari, et ut cœnare in alieno
mis de cueillir du fruit, et de se promener, et de dîner dans le fonds
possimus, servitus imponi non potest (1). » (2) Ce texte
d'autrui, ne peut-être imposé comme servitude.
paraît dire que ce droit, non-seulement ne serait pas une
servitude réelle, mais ne serait même pas une servitude
personnelle : « ... *servitus imponi non potest* » ; et, en
...., ne peut être imposé comme servitude.
effet, des commentateurs (3) n'y voient qu'un droit personnel. Mais nous pensons que, d'après la nature même de
ce droit, il faut le reconnaître comme une sorte d'usage ou
de jouissance, comme une servitude personnelle, et que,
dans ce texte, comme dans beaucoup d'autres, il faut considérer le mot *servitus* (servitude) comme désignant spécialement les servitudes réelles (4).

18. Les servitudes réelles peuvent porter sur un quelconque des droits compris dans la
propriété.

L'avantage que toute servitude réelle doit procurer est,
avons-nous dit (nos 7, 9, 10 et 13), un démembrement de
la propriété d'un fonds, qui en est détaché pour être joint
à un autre fonds.

---

(1) Digeste, livre 8, titre 1, fragment 8, principium.
(2) Voyez M. DEMOLOMBE, Cours de Code Napoléon, tome XII, nos 675, 679 et 681 ;
MM. Du CAURROY, BONNIER et ROUSTAIN, Commentaire du Code civil, tome II, no 340 ;
et M. ORTOLAN, Explication des Instituts de Justinien, tome I, page 420.
(3) Voyez M. ORTOLAN, Explication des Instituts de Justinien, tome I, page 420.
(4) Voyez M. DEMOLOMBE, Cours de Code Napoléon, tome XII, no 687 ; et MM. Du
CAURROY, BONNIER et ROUSTAIN, Commentaire du Code civil, tome II, no 341.

Ce démembrement peut être lui-même une partie de l'un quelconque ou de plusieurs des droits élémentaires que nous avons reconnus dans la propriété complète (n° 6).

Et d'abord, le droit de disposer *(jus abutendi)* est toujours altéré plus ou moins par toutes les servitudes ; car jamais le propriétaire d'un fonds grevé de servitudes ne peut, comme il l'aurait pu auparavant, modifier sa chose, la consommer, la détruire, si cela doit être nuisible à la servitude.

Mais, outre cette altération générale et tacite du droit de disposer, la servitude peut porter atteinte, d'une manière spéciale et formelle, soit aux autres droits contenus dans la propriété, soit encore au droit de disposer lui-même :

Ainsi, lorsqu'on a le droit de passer sur le fonds d'autrui, ce qui constitue la servitude de passage *(servitus itineris)*, le propriétaire de ce fonds n'a plus intégralement, exclusivement le droit d'user *(jus utendi)* : cette servitude porte spécialement sur l'usage ;

Ainsi, lorsqu'on a le droit de faire paître son troupeau sur le fonds d'autrui, ce qui constitue la servitude de pacage *(servitus pascendi)*, le propriétaire de ce fonds n'a plus intégralement, exclusivement le droit de jouir *(jus fruendi)* : cette servitude porte spécialement sur la jouissance ; et elle porte aussi, nécessairement, sur l'usage, car il serait impossible de faire paître les bestiaux sans les conduire et sans aller soi-même sur le fonds ;

Ainsi encore, lorsqu'on a le droit de percevoir des produits qui ne sont pas des fruits, le propriétaire n'a plus ce droit intégralement : cette servitude porte spécialement sur ce droit même, qui, bien que n'étant pas un des éléments principaux de la propriété, y est cependant compris, comme nous l'avons dit (n° 6) ; et elle porte aussi sur l'usage, car, pour percevoir ces produits, il faut aller sur le fonds ;

Ainsi enfin, lorsqu'on a le droit de prendre des parties mêmes de la chose, par exemple d'extraire du sable *(servitus arenæ fodiendæ)*, ou le droit d'empêcher le propriétaire de faire sur sa chose ce qu'il voudrait, par exemple de l'empêcher d'élever ses constructions au-dessus de telle hauteur *(servitus altius non tollendi)*, le propriétaire n'a plus intégralement le droit de disposer *(jus abutendi)* : ces deux servitudes portent spécialement sur la disposition; et, de plus, la première porte aussi sur l'usage, car, pour extraire du sable, il faut aller sur le fonds (1).

19. Les servitudes réelles sont perpétuelles.

Les servitudes réelles sont perpétuelles. Ce caractère leur est commun avec la propriété. Elles sont, ainsi que nous l'avons vu (n° 17), comme des qualités avantageuses ou défavorables des immeubles au profit desquels ou sur lesquels elles sont établies, et elles durent naturellement aussi longtemps que ces immeubles eux-mêmes. Ce caractère forme une différence importante entre elles et les servitudes personnelles : les servitudes personnelles, en effet, loin de durer perpétuellement, doivent s'éteindre au plus tard par la mort de la personne au profit de qui elles sont constituées (2).

Aussi le droit civil n'admettait-il aucune modalité de terme ou de condition dans l'établissement des servitudes réelles : « *Servitutes ipso quidem jure, neque ex tempore,*

Les servitudes, d'après le droit lui-même, ne peuvent certaine-

neque ad tempus, neque sub conditione, neque ad certam

ment être constituées, ni à partir d'un temps, ni jusqu'à un temps, ni sous

conditionem, verbi gratia, quamdiu volam, constitui

condition, ni jusqu'à une condition déterminée, par exemple, tant que je

possunt..... (3) » ; et, dès lors, si on avait ajouté ces moda-

voudrai.....

---

(1) Voyez M. ORTOLAN, Explication des Instituts de Justinien, tome I, pages 412 et 413.

(2) Voyez M. DEMOLOMBE, Cours de Code Napoléon, tome XI, n° 1, et tome XII, n° 678; et M. PELLAT, Principes du droit romain sur la propriété et sur l'usufruit, n° 68.

(3) Digeste, livre 8, titre 1, fragment 4, principium.

lités, ou, suivant les cas, la servitude n'était pas constituée, ou, si elle était valable, elle existait purement, sans être modifiée par le terme ou par la condition.

Mais le droit prétorien avait égard à ces adjonctions, et protégeait le propriétaire du fonds grevé de servitude contre la mauvaise foi de celui qui voulait exercer cette servitude en dehors des termes de l'acte d'établissement :

« ..... *Sed tamen si hæc adjiciantur, per pacti vel per*
.... Mais cependant, si ces clauses sont ajoutées, par l'exception de
doli exceptionem occurretur contra placita servi-
pacte ou de dol on s'opposera à celui qui, contrairement aux conventions,
tutem vindicanti... (1). » (2)
revendique la servitude...

20. Les servitudes réelles doivent avoir une cause perpétuelle.

Non-seulement les servitudes sont, ainsi que nous venons de le dire (n° 19), perpétuelles de leur nature, mais encore nous trouvons, en droit romain, cette autre règle :

« ... *Omnes... servitutes prædiorum perpetuas causas habere*
.... Toutes les servitudes prédiales doivent avoir des causes perpé-
debent...... (3) »
tuelles.....

Or, en cette matière, qu'entend-on par cause, et par cause perpétuelle ?

« *Causa est id cujus causa servitus constituitur; ut*
La cause, c'est ce à cause de quoi la servitude est constituée ; comme
in servitute aquæductus, aqua (4). »
dans la servitude d'aqueduc, l'eau,

Cette cause est reconnue comme perpétuelle, lorsqu'elle dure toujours, ou au moins lorsqu'elle se reproduit na-

---

(1) Digeste, livre 8, titre 1, fragment 4, principium.

(2) Voyez M. Demolombe, Cours de Code Napoléon, tome XII, n° 703 ; et M. Pellat, Principes du droit romain sur la propriété et sur l'usufruit, n° 68.

(3) Digeste, livre 8, titre 2, fragment 28.

(4) Pothier, Pandectes de Justinien, livre 8, titre 1, n° 16, note première.

turellement, sans exiger l'intervention de l'homme :
« ..... *Neque...... perpetuam causam habet, quod manu fit;*
...... Ce qui est fait par la main n'a pas une cause perpétuelle;
at quod ex cœlo cadit, » par exemple, la pluie, « *etsi non*
mais ce qui tombe du ciel,   quoique cela
assidue fit, ex naturali tamen causa fit,
n'ait pas lieu constamment, a lieu cependant par une cause naturelle, et,
et ideo perpetuo fieri existimatur..... (1) »
pour cela, est censé avoir lieu perpétuellement......

C'est en vertu de cette règle, que la servitude d'aqueduc
ne peut être établie que sur une eau de source, et non sur
une eau stagnante. « ... *Cisterna... non habet perpetuam*
                      Une citerne n'a pas une cause per-
causam, nec vivam aquam... Cisternæ...imbribusconcipiun-
pétuelle et une eau vive..... Les citernes sont formées par les
tur.... (2) »; et le même texte dit encore que, « ..... *si lacus,*
pluies.....   ..... si un lac,
piscina, puteus vivam aquam non habeat..... (3) », il doit
une piscine, un puits n'a pas une eau vive.....
être assimilé à une citerne. Aussi lit-on dans d'autres textes :
« ..... *neque ex lacu, neque ex stagno concedi aquæductus*
...... un aqueduc ne peut être concédé ni sur un lac ni sur un
potest..... (4). » « *Servitus aquæ ducendæ vel hauriendæ,*
étang.....   La servitude d'aqueduc ou de puisage ne peut être
nisi ex capite, vel ex fonte constitui non potest..... (5) » :
constituée, si l'eau ne provient d'une source ou d'une fontaine.....
tel était du moins l'ancien droit relativement à ces servitudes; mais il était tombé en désuétude sur ce point,
sans doute parce qu'on avait trouvé cette distinction trop
subtile et sans utilité; le texte ajoute en effet : « ..... *ho-*
...... au-

---

(1) Digeste, livre 8, titre 3, fragment 28.
(2) Digeste, livre 43, titre 23, fragment 1, §4.
(3) Digeste, livre 43, titre 23, fragment 1, § 4.
(4) Digeste, livre 8, titre 3, fragment 28.
(5) Digeste, livre 8, titre 3, fragment 9.

die tamen ex quocumque loco constitui
jourd'hui cependant, de quelque lieu qu'elle provienne, on a coutume de
solet..... (1) »
constituer (la servitude).

La même règle s'applique à la servitude de recevoir l'eau
d'un toit : « ..... *Stillicidii quoque immittendi naturalis*
.... Pour le droit de gouttière aussi, la cause doit
et perpetua causa esse debet (2). »
être naturelle et perpétuelle.

Il en est de même du droit de voie : « *Flumine interve-*
Lorsqu'un fleuve est
niente, via constitui potest, si aut vado transiri potest, aut
interposé, la voie peut être constituée, s'il peut être traversé à gué, ou s'il a
pontem habeat. Diversum, si pontonibus trajiciatur.... (3) »
un pont. Il en est autrement, s'il est traversé par des bateaux.....
La raison de cette différence, c'est que, dans le premier
cas, les moyens de passer existent toujours, tandis qu'ils
ne sont ni permanents ni naturels dans le second (4).

21. Les servitudes réelles sont indivisibles.

Un dernier caractère des servitudes réelles, c'est d'être
indivisibles ; ces servitudes, en effet, étant des qualités,
avantageuses ou défavorables des fonds, existent au profit
de tout le fonds auquel elles sont dues, et au profit de chacune de ses parties, et portent sur tout le fonds qui les doit
et sur chacune de ses parties (5).

C'est pour cela qu'elles ne peuvent être ni acquises, ni
réclamées, ni perdues partiellement :

1° Elles ne peuvent pas être acquises partiellement : « *Pro*
Il est

---

(1) Digeste, livre 8, titre 3, fragment 9.
(2) Digeste, livre 8, titre 2, fragment 28.
(3) Digeste, livre 8, titre 3, fragment 38.
(4) Voyez M. Ortolan, Explication des Instituts de Justinien, tome I, page 420.
(5) Voyez M. Demolombe, Cours de Code Napoléon, tome XII, n° 701.

parte dominii servitutem adquiri non posse, vulgo
reçu généralement qu'une servitude ne peut être acquise pour une partie de
traditur. Et ideo si quis fundum habens viam sti-
la propriété. Et c'est pourquoi, si quelqu'un ayant un fonds stipule une
puletur, et partem fundi sui postea alienet, corrumpit
voie, et qu'ensuite il aliène une partie de son fonds, il détruit la
stipulationem, in eum casum deducendo, a quo stipulatio in-
stipulation, en la ramenant dans un cas, où la stipulation ne
cipere non possit. Pro parte quoque neque legari... via
pourrait pas commencer. Une voie ne peut pas non plus être léguée.....
potest, et si id factumest, neque legatum... valet (1). » « *Viæ,*
pour partie, et si cela a été fait, le legs... n'est pas valable.   Une par-
itineris, actus, aquœductus pars in obligationem de-
tie de voie, de passage, de conduite, d'aqueduc ne peut pas devenir l'ob-
duci non potest, quia usus eorum indivisus est.
jet d'une obligation, parce que l'usage de ces droits est indivis.
Et ideo si stipulator decesserit pluribus   hæredi-
Et c'est pourquoi si le stipulant est mort,   laissant plusieurs héritiers,
bus relictis, singuli solidam viam petunt. Et si promissor
chacun d'eux demande la voie en entier. Et si le promettant
decesserit, pluribus hæredibus relictis, a singulis hæredibus
est mort, laissant plusieurs héritiers, la demande pour le tout existe con-
solida petitio est (2). » «..... *per unum adquiri servitus*
tre chacun des héritiers.   ... une servitude ne peut pas être acquise par
non possit (3). »   « *Si quis partem œdium*
un seul (de plusieurs copropriétaires). Si quelqu'un fait la tradition d'une
tradet,   vel partem fundi,   non
partie (indivise) de sa maison, ou d'une partie (indivise) de son fonds, il ne
potest, servitutem imponere, quia per partes servitus imponi
peut pas imposer de servitude, parce qu'une servitude ne peut pas être
non potest, sed nec adquiri. Plane si divisit fundum re-
imposée ni acquise par parties. Mais s'il a divisé son fonds en régions, et

---

(1) Digeste, livre 8, titre 1, fragment 11.
(2) Digeste, livre 8, titre 1, fragment 17.
(3) Digeste, livre 8, titre 5, fragment 4, § 8.

gionibus, et sic partem tradidit pro diviso, potest alterutri
qu'il ait ainsi fait la tradition d'une partie séparée, il peut imposer une
servitutem imponere, quia non est pars fundi,
servitude sur l'une ou sur l'autre, parce qu'il y a non une partie de fonds,
sed fundus. Quod et in œdibus potest dici, si
mais un fonds. Et cela peut être dit aussi pour une maison, si
dominus pariete medio œdificato, unam domum in
le propriétaire, par un mur qu'il construit au milieu, divise une maison en
duas diviserit, ut plerique faciunt. Nam et hic pro
deux, comme la plupart le font. Car ici encore on doit
duabus domibus accipi debet (1). »
la considérer comme deux maisons.

2° Elles ne peuvent pas être réclamées partiellement :
« *Si fundus cui iter debetur plurium sit, unicui-*
Si un fonds auquel un passage est dû appartient à plusieurs, l'action
que in solidum competit actio..... Itaque de jure quidem
compète à chacun pour le tout..... Aussi chacun agira pour le
ipso singuli experientur, et victoria et aliis proderit.... (2) »
droit lui-même, et la victoire profitera aussi aux autres....

Sed et si duorum fundus sit qui servit, adversus
Mais si le fonds servant appartient à deux, on pourra
unumquemque poterit ita agi ; et..... quisquis defendit, soli-
agir ainsi contre chacun ; et..... quel que soit le défendeur,
dum debet restituere, quia divisionem hæc res non recipit. (3) »
il doit restituer le tout, parce que cette chose n'admet pas de division.

3° Enfin elles ne peuvent pas être perdues partiellement :
« .... *Pro parte..... neque adimi via potest,*
..... Une voie (qui avait été léguée) ne peut pas être révoquée pour partie,
et si id factum est,..... neque ademptio valet (4). »
et si cela a été fait,..... la révocation n'est pas valable.

Mais, tout en respectant l'indivisibilité des servitudes
réelles, on peut déterminer limitativement quels seront les

---

(1) Digeste, livre 8, titre 4, fragment 6, § 1.
(2) Digeste, livre 8, titre 5, fragment 4, § 3.
(3) Digeste, livre 8, titre 5, fragment 4, § 4.
(4) Digeste, livre 8, titre 1, fragment 11.

avantages que tel ou tel propriétaire pourra en retirer, et cela, par exemple, soit quant au mode proprement dit, c'est-à-dire à la manière de l'exercer, soit quant au temps, c'est-à-dire aux époques auxquelles on l'exercera : « *Modum*

Il est cons-

adjici servitutibus posse constat : veluti quo ge-
tat qu'un mode peut être ajouté aux servitudes : par exemple avec quel

nère vehiculi agatur vel non agatur, velu-
genre de véhicule on conduira ou on ne conduira pas, par

ti ut equo duntaxat, vel ut certum pondus
exemple qu'on transportera seulement par cheval, ou un poids déter-

vehatur, vel grex ille transducatur, aut
miné, ou que tel troupeau sera conduit à travers le fonds, ou qu'on

carbo portetur (1). » « Usus servitutum temporibus
portera du charbon. L'usage des servitudes peut être par-

secerni potest : forte ut quis post horam tertiam
tagé par le temps : par exemple que quelqu'un usera de ce droit

usque in horam decimam en jure utatur, vel ut alter-
depuis la troisième heure jusqu'à la dixième heure, ou qu'il en usera

nis diebus utatur (2). » « Intervalla dierum et horarum
en alternant les jours. Les intervalles des jours et des heures

non ad temporis causam, » (« Nam omni tempore
se rapportent, non à la question du temps, (Car en tout temps le

jus servitutis existit, quamvis certis duntaxat temporibus
droit de servitude existe, quoiqu'il ne soit permis d'en user que dans des

uti ea liceat (3). ») « sed ad modum pertinent jure
temps déterminés.) mais au mode de la servitude légale-

constitutæ servitutis (4). » (5)
ment constituée.

Cette règle de l'indivisibilité des servitudes réelles n'empêche pas non plus que, lorsqu'un fonds est divisé en plu-

---

(1) Digeste, livre 8, titre 1, fragment 4, § 1.
(2) Digeste, livre 8, titre 1, fragment 5, § 1.
(3) Pothier, Pandectes de Justinien, livre 8, titre 1, n° 26, note.
(4) Digeste, livre 8, titre 1, fragment 4, § 2.
(5) Voyez encore Digeste, livre 10, titre 3, fragment 19, § 4.

sieurs lots, les servitudes ne soient acquises, conservées ou éteintes par rapport à tel ou tel de ces lots seulement, suivant les cas, et non par rapport à tous. « *Quæcunque ser-*

vitus fundo debetur, omnibus ejus partibus debetur; et ideo Quelle que soit la servitude due à un fonds, elle est due à toutes ses parties; et c'est *quamvis particulatim venierit, omnes partes ser-* pourquoi, bien qu'il soit vendu particiellement, la servitude suit toutes les *vitus sequitur, et ita ut singuli recte agant, jus* parties, et de manière à ce que chacun soutienne avec raison que ce droit *sibi esse fundi. Si tamen fundus cui servitus debetur,* sur le fonds est à lui. Si cependant le fonds auquel la servitude est due a *certis regionibus inter plures dominos divisus est; quamvis* été divisé en régions déterminées entre plusieurs propriétaires; quoique *omnibus partibus servitus debeatur, tamen opus est ut* la servitude soit due à toutes les parties, cependant il faut que ceux qui *hi qui non proximas partes servienti fundo habebunt, tran-* n'auront pas les parties les plus proches du fonds servant aient de droit *situm per reliquas partes fundi divisi jure habeant, aut si* un passage à travers les autres parties du fonds divisé, ou, si les plus *proximi patiantur, transeant* (1). » « *Si partem fundi mei* proches le souffrent, qu'ils passent. Si je t'ai vendu une partie *certam tibi vendidero, aquæductus jus, etiamsi alterius* déterminée de mon fonds, le droit d'aqueduc, même si l'eau était *partis causa plerumque ducatur, te quoque sequetur : neque* conduite le plus souvent pour l'autre partie, te suivra aussi : et là il ne *ibi aut bonitatis agri, aut usus ejus aquæ ratio habenda est,* faut pas tenir compte ou de la bonté du champ ou de l'usage de cette eau, *ita ut eam solam partem fundi quæ pretiosissima sit, aut* de manière que ce soit cette partie seule du fonds qui est la plus précieuse *maxime usum ejus aquæ desideret, jus ejus ducendæ* ou qui réclame le plus l'usage de cette eau, que suive ce droit *sequatur : sed pro modo agri detenti aut alienati fiat* d'aqueduc : mais il faut que la division de cette eau se fasse suivant l'éten-

---

(1) Digeste, livre 8, titre 3, fragment 23, § 3.

ejus aquæ divisio (1). » « *Si prædium tuum mihi serviat,*
due du champ retenu ou aliéné. Si ton héritage me doit une servitude,
sive ego partis prædii tui dominus esse cœpero, sive tu
soit que je vienne à être propriétaire d'une partie de ton héritage, ou toi du
mei, per partes servitus retinetur, licet ab initio per
mien, la servitude sera retenue par partie, quoique dans le principe elle
partes adquiri non poterat (2). » « *Si ego via quæ nobis*
ne pût pas être acquise par partie.   Si j'ai usé de la voie qui nous
per vicini fundum debebatur, usus fuero, tu autem consti-
était due à travers le fonds du voisin,   mais que, pendant le
tuto tempore cessaveris, an jus tuum amiseris?...
temps voulu, tu aies cessé (d'en user), est-ce que tu auras perdu ton droit?
Celsus respondit : Si divisus est fundus inter socios regio-
Celse répondit :   Si le fonds est divisé entre les co-propriétaires par
nibus, quod ad servitutem attinet quæ ei fundo debebatur,
régions, ce qui se rapporte à la servitude qui était due à ce fonds est
perinde est atque si ab initio duobus fundis debita sit : et
comme si, dès le principe, elle avait été due à deux fonds : et chacun
sibi quisque dominorum usurpat servitutem, sibi
des propriétaires interrompt pour soi l'usucapion de la servitude, perd
non utendo deperdit : nec amplius in ea re
pour soi (la servitude) en n'en usant pas : et en cet état, les conditions de
causæ eorum fundorum miscentur : nec fit ulla injuria
ces fonds ne sont plus confondues :   et il n'est point fait de tort
                                   imo sic quoque melior
ei cujus fundus servit, imo si quo melior :
à celui dont le fonds doit la servitude, bien plus sa position est meilleure,
quoniam alter dominorum utendo sibi, non toti fundo pro-
parce l'un des propriétaires, en usant, ne fait profiter que lui et non
ficit.... (3) » « ... Et e contrario, si vicinus cui via per
tout le fonds.   ... Et au contraire, si un voisin à qui une voie était
nostrum fundum debebatur, per meam partem ierit, egerit,
due à travers notre fonds,   a passé, a conduit à travers ma partie,

---

(1) Digeste, livre 8, titre 3, fragment 25.
(2) Digeste, livre 8, titre 1, fragment 8, § 1.
(3) Digeste, livre 8, titre 6, fragment 6, § 1.

tuam partem ingressus non fuerit, an partem tuam libera-
et n'est pas entré sur ta partie, est-ce qu'il a libéré ta

verit? Celsus respondit :... Sed, si fundus qui servierit
partie? Celse répondit:... Mais si le fonds qui doit la servitude

ita divisus est, plusculum dubitationis ea res habet : nam
a été ainsi divisé, cela présente un peu plus de doute : car si

si certus ac finitus viæ locus est, tunc si per longitudi-
l'emplacement de la voie est certain et limité, alors, si le fonds a été divisé

nem fundus divisus est, eadem omnia servanda erunt,
par la longueur, on devra observer toutes les mêmes règles,

quæ si initio constituendæ ejus servitutis similiter
que si, au commencement de cette servitude constituée, il y eût eu

hic duo fundi fuissent. Si vero per latitudinem viæ
là semblablement deux fonds. Mais si le fonds a été divisé par la lar-

fundus divisus est (nec multum refert æqualiter id factum
geur de la voie (et il n'importe pas beaucoup que cela ait été fait également

est, an inæqualiter), tunc manet idem jus servitutis quod
ou inégalement), alors le droit de servitude reste le même qu'il

fundo indiviso fuerat; nec aut usu detineri, aut non
avait été sur le fonds indivis ; et la voie ne pourra pas, si ce n'est pour le

utendo deperire, nisi tota via poterit : nec, si
tout, ou être retenue par l'usage, ou périr par le non-usage : et, si par

forte inciderit, ut semita, quæ per alterum duntaxat fundum
hasard il arrivait qu'on se servît du sentier qui se trouve seulement sur

erit, uteretur, idcirco alter fundus liberabitur, quoniam
un des fonds, l'autre fonds ne sera pas pour cela libéré, parce que le

unum atque eodem modo individuum viæ jus est.
droit de voie est un et indivisible de la même manière (que si le fonds

Possunt tamen alterutrum fundum liberare,
était encore indivis). Ils peuvent cependant libérer l'un ou l'autre fonds,

si modo hoc specialiter convenit. Certe si is cui
si toutefois cela est convenu spécialement. Mais si celui à qui la

servitus debebatur, alterutrum ex ea divisione fundum
servitude était due rachète l'un ou l'autre fonds d'après cette

redemerit, num ideo minus ea re fundi alterius servitus
division, est-ce que, à cause de cela, la servitude de l'autre fonds en

permanebit? Nec video quid absurdi consecuturum sit eam
persistera moins? Et je ne vois pas quelle conséquence absurde aurait
sententiam, fundo altero manente serro, si modo et ab
cette opinion,   que l'autre fonds resterait asservi, si toutefois même
initio potuit angustior constitui via, quam lege
au commencement la voie a pu être constituée plus étroite qu'elle n'est
finita   est,   et adhuc id loci superest in eo fundo, cui
déterminée par la loi, et qu'il reste encore assez de place, sur ce fonds au-
remissa servitus non est, ut sufficiat viæ. Quod
quel la servitude n'a pas été remise, pour suffire à la voie. Que s'il
si minus loci superest quam viæ sufficiat, uterque fundus
reste moins de place qu'il n'est suffisant pour la voie, l'un et l'autre fonds
liberabitur, alter propter redemptionem, alter quia per
seront libérés,   l'un à cause du rachat,   l'autre parce que
eum locum qui superest, via constitui non potest. Cæterum
sur la place qui reste une voie ne peut pas être constituée. Du reste, si
si ita constitutum est jus viæ, ut per quamlibet
le droit de voie est ainsi constitué, qu'il soit permis de passer, de conduire
partem fundi ire, agere liceat, idque vel subinde
à travers quelque partie du fonds qu'on voudra,   rien n'empêche de chan-
aut si   ut
mutare nihil prohibet; atque ita divisus est fundus si
ger cela même plus tard; et si le fonds est ainsi divisé, si on peut éga-
per quamlibet ejus partem æque ire atque agi possit,
lement passer et conduire à travers quelque partie du fonds qu'on voudra,
tunc perinde observabimus, atque si ab   initio
alors nous observerons les mêmes règles, que si,   dès le commencement,
duobus fundis duæ servitutes injunctæ fuissent, ut altera
deux servitudes eussent été imposées aux deux fonds,   de manière
retineri, altera non utendo possit deperire. Nec me
que l'une pût être retenue, et l'autre perdue par le non-usage. Et il ne
fallit alieno facto jus alterius immutatum
m'échappe pas que le droit de l'un ne doit pas être changé par le fait d'au-
tri : quoniam ante satius fuerat per alteram partem
trui;   car auparavant il suffisait de passer, de conduire à travers une
fundi ire, agere, ut idem jus ei in altera parte
partie du fonds,   pour que le même droit fût retenu à son profit sur

fundi retineretur. Contra, illud commodum accessisse
l'autre partie du fonds. Au contraire, cet avantage survient à celui à qui
ei cui via debebatur, quod per duas pariter vias ire,
la voie était due,   qu'il peut passer, conduire également
agere possit, bisque octonos in porrectum, et senos denos
par deux voies, et par deux fois huit pieds en ligne droite et par seize
in anfractum (1). » (2)
en ligne courbe.

---

(1) Digeste, livre 8, titre 6, fragment 6, § 1.
(2) Voyez M. Ortolan, Explication des Instituts de Justinien, tome I, page 413.

CHAPITRE II.

Des Divisions des servitudes réelles.

------

22. Deux divisions des servitudes réelles.

Les divisions peuvent être d'un très-grand secours dans toutes les sciences (n° 2); mais, pour qu'on en retire toute l'utilité qu'on doit en attendre, il faut, non-seulement que le caractère particulier sur lequel est fondée la classification se retrouve semblable dans toutes les individualités d'une même catégorie, mais encore que ce caractère ait de l'importance, et que les effets soient différents suivant qu'il se rencontrera ou non, ou suivant les modifications qu'il aura subies. Ce n'est que peu à peu qu'on arrive à établir ainsi de bonnes classifications. Trop souvent on s'attache d'abord à des caractères matériels, apparents, mais qui ne remplissent pas suffisamment les conditions que nous venons d'indiquer.

C'est ce qu'ont fait les Romains dans la seule division qu'ils aient formulée pour les servitudes réelles. Ils les ont toutes rangées dans ces deux catégories : Servitudes d'héritages ruraux *(Servitutes prædiorum rusticorum)*, et Servitudes d'héritages urbains *(Servitutes prædiorum urbanorum)*. Nous allons étudier en quoi consiste cette division, et nous rechercherons s'il n'était pas possible d'en établir une à peu près semblable, mais en s'attachant à un caractère moins matériel et plus utile (n°ˢ 25 et suivants).

Cependant, nous devons auparavant dire quelques mots d'une autre division des servitudes réelles, non formulée, il est vrai, dans les textes du droit romain, mais qui n'est pas arbitraire, qui résulte de la nature des choses, qui conséquemment se retrouve aussi dans cette législation, et dont les conséquences sont assez importantes : c'est la division des servitudes réelles en servitudes réelles positives, et servitudes réelles négatives (n°s 23 et 24).

SECTION PREMIÈRE.

§ 1.

23. Première division : Servitudes réelles *positives*, et servitudes réelles *négatives*.

Parmi les servitudes réelles, il en est qui donnent au propriétaire du fonds auquel est due la servitude le droit de produire sur l'autre fonds des actes extérieurs et sensibles, de retirer de ce fonds un certain avantage positif, par exemple, de s'en servir pour tel ou tel usage, ou d'en prendre tel produit; et alors le propriétaire de l'autre fonds doit laisser faire, doit souffrir l'exercice de la servitude : telles sont la servitude de passage, la servitude d'aqueduc, la servitude de pacage, etc. Ce sont ces servitudes que l'on a appelées *servitudes réelles positives*. Elles peuvent porter sur un quelconque des droits élémentaires compris dans la propriété.

Il en est d'autres, au contraire, en vertu desquelles le propriétaire du fonds auquel est due la servitude ne peut produire sur l'autre fonds aucun acte extérieur et sensible, ne peut retirer de ce fonds aucun avantage positif, mais qui consistent uniquement dans la nécessité où se trouve le propriétaire du fonds qui doit la servitude, de ne pas exercer sur ce fonds son activité de telle ou telle manière qui pourrait lui convenir, dans la nécessité où il est de s'abstenir d'agir comme il le voudrait, dans la nécessité de ne pas faire : telles sont la servitude de ne pas planter, la servitude de ne pas bâtir, ou de ne pas élever ses constructions au-dessus de telle hauteur, etc. Ce sont ces servitudes que l'on a appelées *servitudes réelles négatives*. Elles portent directement sur le droit de disposer (1).

§ 2.

24. Importance de cette division : Les Servitudes réelles positives peuvent être constituées par la quasi-tradition.

Quelle est l'importance de cette division? C'est que les servitudes réelles négatives, non-seulement ne sont pas susceptibles de possession véritable, puisque, comme toutes les servitudes, ce sont des choses incorporelles, qui ne peuvent pas être matériellement détenues, mais encore qu'elles ne sont pas même susceptibles de cette quasi-possession qui consiste dans l'exercice d'un droit joint à l'intention de l'exercer comme maître de ce droit : ces servitudes, en effet, n'admettant pas d'actes extérieurs, ne demandant qu'une simple abstention, ne peuvent pas, à proprement parler, être exercées; tandis que les servitudes réelles positives peuvent être exercées, au contraire, et sont dès lors susceptibles de quasi-possession (n° 11, 5°). Or, la remise de la possession, la tradition est, en droit romain, un des modes de transférer la propriété; et nous établirons plus tard (n° 53), que la remise de la quasi-possession, qu'on pourrait

---

(1) Voyez M. Félix Berriat-Saint-Prix, Notes sur le Code civil, n° 2354; M. Demolombe, Cours de Code Napoléon, tome XII, n° 742; MM. Du Caurroy, Bonnier et Roustain, Commentaire du Code civil, tome II, n°° 210 et 345; Marcadé, Cours de droit civil français, explication de l'article 687; M. Ortolan, Explication des Instituts de Justinien, tome I, pages 412 et 413; et M. Pellat, Principes du droit romain sur la propriété et sur l'usufruit, n° 5.

appeler quasi-tradition, a été, suivant les lieux et suivant les époques, un des modes de constituer les démembrements de la propriété et spécialement les servitudes réelles ; mais il est évident que, puisque les servitudes réelles négatives sont absolument insusceptibles de quasi-possession et de quasi-tradition, ce sont seulement les servitudes réelles positives qui ont jamais pu être constituées ainsi (1).

SECTION II.

§ 1.

28. Seconde division : Servitudes *de fonds ruraux*, et servitudes *de fonds urbains*.

L'autre division des servitudes réelles, en *servitudes de fonds ruraux* et *servitudes de fonds urbains*, est assez difficile à bien préciser ; c'est pourtant celle à laquelle se rapportent constamment les textes du droit romain.

26. Fonds ruraux, fonds urbains, en général.

Et d'abord, il faut déterminer exactement le sens que les mots *fonds ruraux* et *fonds urbains* ont en général ; nous rechercherons ensuite s'ils conservent le même sens dans la matière spéciale des servitudes.

Des commentateurs soutiennent que « lorsqu'il ne s'agit « que de connaître la nature de l'immeuble lui-même, il est « hors de doute qu'on appelle propriétés rurales, non-seu-« lement les champs, mais encore les bâtiments qui y sont « construits pour leur exploitation ; comme on nomme « propriétés urbaines, non-seulement les bâtiments de la « ville, mais encore les cours et les jardins qui en sont « l'accessoire. Cette règle », ajoutent-ils, « est positivement

---

(1) Voyez M. Ortolan, Explication des Instituts de Justinien, tome I, pages 360, 400 et 412.

« exprimée dans les textes (D. 5o. 16. 198. f. Ulp., et
« 211. f. Florentin.)¡ et elle doit recevoir son application
« dans toutes les questions de droit qui dépendent de la
« nature de l'immeuble en lui-même, comme lorsqu'il s'agit
« des priviléges accordés au propriétaire pour garantir des
« loyers, priviléges qui diffèrent selon qu'il s'agit de fonds
« urbains ou de fonds ruraux (D. 20. 2. 4, et 7. § 1. —
27. 9. 1.) (1). » La signification propre de ces mots, *fonds
ruraux, fonds urbains,* semble bien indiquer en effet que
c'est la situation même des fonds, à la campagne ou à la
ville, qu'il faut considérer, et que peu importe du reste
que, soit à la campagne, soit à la ville, des constructions
existent ou non sur ces fonds.

Il ne nous parait pas cependant que les textes ne laissent
aucun doute sur ce point, et il nous semble, au contraire,
que les jurisconsultes romains ont donné à ces expressions,
tantôt un sens, tantôt un autre. A l'appui de l'opinion que
nous venons de citer, nous trouvons bien les deux textes
suivants : « *Fundi appellatione omne ædificium et omnis*
Sous le nom de fonds sont compris tout édifice et tout
ager continetur; sed in usu urbana ædificia,
champ;   mais, dans l'usage, les maisons sont appelées édifices
ædes; rustica, villæ dicuntur.... (2)» « Stabula quæ non
urbains; les fermes, édifices rustiques...   On peut mettre en
sunt in continentibus ædificiis, quorum prædiorum ea
doute au nombre de quels héritages doivent être placées les étables qui
numero habenda sint, dubitari potest. Et quidem urba-
ne sont pas dans des corps d'édifices.   Et toutefois elles ne sont
norum sine dubio non sunt, cum a cæteris ædificiis
pas, sans doute, au nombre des héritages urbains, lorsqu'elles sont
separata sint.... (3) » Mais nous croyons impossible de les
séparées des autres édifices.

---

(1) M. Ortolan, Explication des Instituts de Justinien, tome 1, pages 413 et 414.
(2) Digeste, livre 50, titre 16, fragment 211.
(3) Digeste, livre 20, titre 2, fragment 4, § 1.

faire concorder avec cet autre texte, tiré cependant du Digeste, comme les précédents : « *Urbana prædia, omnia*
Comme fonds urbains nous
ædificia accipimus, non solum ea quæ sunt in oppidis,
admettons tous les édifices, non-seulement ceux qui sont dans les villes,
sed et si forte stabula sunt vel alia meritoria in villis et in
mais aussi les étables ou autres logis qui seraient dans les fermes et dans
vicis ; vel si prætoria voluptati tantum deservientia :
les villages, ou les palais de campagne servant seulement à l'agrément ;
quia urbanum prædium non locus facit, sed
parce que c'est, non pas la situation, qui rend urbain un héritage, mais la
materia. Proinde hortos quoque, si qui sunt
matière. Ainsi, il faudrait dire encore que les jardins, qui seraient établis
in ædificiis constituti, dicendum sit, urbanorum appella-
dans les édifices, sont compris sous le
tione contineri. Plane si plurimum horti in reditu sunt,
nom de urbains. Mais, si les jardins sont surtout en produit,
vinearii forte, vel etiam olitorii; magis hæc
des vignobles, par exemple, ou même des potagers, il est plus vrai de dire
non sunt urbana (1). » Il y a plus : même
que ces héritages ne sont pas urbains.

dans la matière des servitudes réelles, dans laquelle, ainsi que nous allons le voir (n° 27), aucune hésitation sérieuse ne peut s'élever sur le point de savoir ce qu'il faut entendre par fonds urbains et fonds ruraux, on trouve cependant un texte qui appelle servitudes de fonds ruraux des servitudes qui sont très-certainement des servitudes de fonds urbains. Le voici : « *Rusticorum prædiorum servitutes sunt, licere*
Sont servitudes d'héritages ruraux, le droit
altius tollere et officere prætorio vicini, vel cloacam
d'élever plus haut et de nuire au palais de campagne du voisin, ou le droit
habere licere per vicini domum vel prætorium,
d'avoir un égout à travers la maison ou le palais de campagne du voisin,

---

vel protectum habere licere (1). » Ce passage, le seul qui
ou le droit d'avoir un auvent.

nous intéresse directement, nous paraît doublement inex-
plicable, et par les termes mêmes dont il se sert, et par la
place qu'il occupe dans le Digeste, au titre : « *De servi-*
Des servi-

tutibus prædiorum rusticorum. » Non - seulement il ne
tudes   d'héritages   rustiques.

cadre pas avec la théorie générale que nous allons exposer,
mais il est formellement contredit dans deux de ses exemples, par d'autres passages du Digeste lui-même et des Institutions de Justinien : « ... *actio de jure prædiorum*
.... l'action relative au droit des héritages

urbanorum, veluti, si agat jus sibi esse altius œdes suas
urbains, comme, si on soutient avoir le droit d'élever plus haut sa

tollendi... (2) » « *Urbanorum prædiorum jura talia sunt :*
maison...   Les droits des héritages urbains sont ceux-ci :

altius tollendi et officiendi luminibus vicini,... et denique
d'élever plus haut et de nuire aux jours du voisin,... et   enfin

... *protegendi...* (3) » Cependant, il ne faudrait pas trop
... d'avoir des auvents...,

s'étonner de ce manque de concordance dans les dénominations employées : on comprend jusqu'à un certain point,
tout en le regrettant, que les jurisconsultes, suivant leur
impression du moment, aient considéré davantage, tantôt la
nature même des fonds, tantôt leur situation, et qu'ils aient
ainsi varié dans la manière de les désigner comme fonds ruraux ou comme fonds urbains.

27. Fonds ruraux, fonds urbains, en matière de servitudes réelles.

Mais, ainsi que nous l'avons annoncé (n° 26), il faut re-

____

(1) Digeste, livre 8, titre 3, fragment 2.
(2) Institutions de Justinien, livre 4, titre 6, § 1.
(3) Digeste, livre 8, titre 2, fragment 2.

connaître que, dans la matière spéciale des servitudes réelles, et malgré le texte que nous avons cité (1), c'est uniquement à la nature du fonds, suivant qu'il est bâti ou non bâti, qu'il faut s'attacher pour savoir s'il est urbain ou rural, et nullement à sa situation, à la ville ou à la campagne : « *Prædiorum urbanorum servitutes... ideo urbano-*
Les servitudes d'héritages urbains... sont dites
rum prædiorum dictæ, quoniam ædificia omnia urbana
d'héritages urbains ; parce que nous appelons tous les édifices
prædia appellamus, et si in villa ædificata sint... (2) »
héritages urbains, même s'ils sont construits dans une ferme...

« *Ædificia, urbana quidem prædia appellamus ; cæterum,*
Les édifices, nous les appelons certainement héritages urbains ; au reste,
et si in villa ædificia sint, æque servitutes urbanorum
même si les édifices sont dans une ferme, des servitudes d'héritages urbains
prædiorum constitui possunt (3). » (4)
peuvent également être établies.

28. Caractère distinctif des servitudes de fonds ruraux et des servitudes de fonds urbains.

Après que nous avons ainsi bien précisé ce qu'on entend, dans la matière spéciale des servitudes réelles, par fonds ruraux et fonds urbains, toute difficulté n'est pas levée. Les deux fonds peuvent être tous deux de même espèce, ou bien d'espèces différentes. Faudra-t-il, afin de déterminer la classe dans laquelle doit rentrer telle ou telle servitude réelle, rechercher et appliquer à la servitude elle-même le caractère, urbain ou rural, du fonds auquel est due la servitude ? ou celui du fonds qui la doit ? ou bien faudra-t-il ne s'attacher ni à l'un ni à l'autre de ces caractères, et fonder sur quelque considération différente la division des servi-

---

(1) Voyez Digeste, livre 8, titre 3, fragment 2.
(2) Institutions de Justinien, livre 2, titre 3, § 1.
(3) Digeste, livre 8, titre 4, fragment 1, principium.
(4) Voyez M. ORTOLAN, Explication des Instituts de Justinien, tome I, page 414.

ludes réelles en servitudes de fonds urbains et servitudes de fonds ruraux?

Et, d'abord, ce n'est pas le caractère du fonds auquel est due la servitude qui s'applique à la servitude elle-même. En effet : Le droit de passage, le droit de conduite, le droit d'aqueduc, sont toujours placés par les textes, et en première ligne, parmi les servitudes de fonds ruraux : « ...*jura les prædiorum rusticorum, velut... iter, actus, aquæductus...* (1)» droits d'héritages rustiques, comme... le passage, la conduite, l'aqueduc.

« *Rusticorum prædiorum jura sunt hæc : iter, actus,...* Les droits d'héritages rustiques sont ceux-ci : le passage, la conduite,... *aquæductus...* (2) » « *Servitutes rusticorum prædiorum* l'aqueduc... Les servitudes d'héritages rustiques *sunt hæ : iter, actus,... aquæductus...* (3) » Or, voici sont celles-ci : le passage, la conduite,... l'aqueduc... des textes aussi qui prévoient des cas dans lesquels ces servitudes existent en faveur d'héritages urbains; et ils ne disent point qu'elles deviennent, dans ces cas, des servitudes d'héritages urbains : « *Iter nihil prohibet sic con-* Rien n'empêche qu'un passage soit ainsi con-*stitui, ut quis interdiu duntaxat eat; quod fere circa* stitué, qu'on ne passe que de jour; et cela est même *prædia urbana etiam necessarium est* (4). » « *Si domo* presque nécessaire à l'égard des héritages urbains. Si ton ter-*mea altior area tua esset, tuque mihi per aream tuam in* rain était plus élevé que ma maison, et que tu m'aies accordé de *domum meam ire agere cessisti, nec* passer, de conduire à travers ton terrain pour aller à ma maison, et qu'il *ex plano aditus ad domum meam per aream tuam esset;* n'y eût pas d'accès de plain-pied à ma maison à travers ton terrain;

---

(1) Ulpien, Règles, titre 19, § 1.
(2) Institutions de Justinien, livre 2, titre 3, principium,
(3) Digeste, livre 8, titre 3, fragment 1, principium.
(4) Digeste, livre 8, titre 4, fragment 11.

vel gradus, vel clivos propius januam meam jure facere
je puis légalement faire des degrés ou des pentes tout près de ma
possum, dum ne quid ultra quam quod necesse est itineris
porte, pourvu que je ne démolisse rien de plus que ce qui est nécessaire
causa, demoliar (1). » « *...etiam si in urbana prædia quis*
pour le passage.   ...même si quelqu'un voulait conduire de l'eau
aquam ducere velit, huc interdictum » (l'interdit *de aqua quo-*
dans des héritages urbains, cet interdit   (de l'eau de chaque
tidiana et æstiva) « *locum habere potest* (2). » (3) Cependant,
jour   et   d'été)   peut   avoir   lieu.

presque tous les commentateurs du droit romain enseignent (mais nous pensons que c'est à tort) que, lorsqu'une servitude réelle est due à un héritage urbain, elle est elle-même servitude d'héritage urbain; et, ce qui est plus fâcheux encore, cette opinion erronée a été formulée dans la législation française, en ces termes : « Les servitudes sont « établies ou pour l'usage des bâtiments ou pour celui des « fonds de terre. — Celles de la première espèce s'appellent « urbaines, soit que les bâtiments auxquels elles sont dues « soient situées à la ville ou à la campagne. — Celles de la « seconde espèce se nomment rurales (4). » Cette division des servitudes réelles, que le législateur français a inexactement empruntée au droit romain, n'a, du reste, ainsi que nous le verrons (tome II, n° 17), aucune utilité en droit français (5).

Ce n'est pas non plus le caractère du fonds qui doit la servitude, qui s'applique à la servitude elle-même. L'un des

---

(1) Digeste, livre 8, titre 2, fragment 20, § 1.

(2) Digeste, livre 43, titre 20, fragment 1, § 11.

(3) Voyez MM. Du Caurroy, Bonnier et Roustain, Commentaire du Code civil, tome II, n° 342; et M. Ortolan, Explication des Instituts de Justinien, tome I, page 414.

(4) Code Napoléon, article 687.

(5) Voyez M. Ortolan, Explication des Instituts de Justinien, tome I, page 414, note 3.

textes que nous venons de citer suffirait à le prouver : « *Iter*
Rien
nihil prohibet sic constitui, ut quis interdiu duntaxat eat ;
n'empêche qu'un passage soit ainsi constitué, qu'on ne passe que de jour ;
quod fere circa prædia urbana etiam necessarium est (1). »
et cela est même presque nécessaire à l'égard des héritages urbains.

Ce texte, en effet, ne dit pas seulement « en faveur des
héritages urbains » ; il dit « *circa prædia urbana* », ce
à l'égard des héritages urbains
qui comprend aussi bien le fonds qui doit la servitude que
celui auquel elle est due. Le fonds qui doit la servitude de
passage peut donc être un fonds urbain, sans que cette servitude devienne, pour cela, servitude de fonds urbain ; car,
nous le répétons, la servitude de passage est énumérée toujours parmi les servitudes de fonds ruraux ; elle n'est jamais
présentée comme servitude de fonds urbain. Du reste, nous
ne pensons pas qu'aucun commentateur ait soutenu que
c'est le fonds qui doit la servitude, qui donne son caractère, urbain ou rural, à la servitude elle-même (2).

Et l'on conçoit parfaitement que chaque servitude réelle
doive puiser en elle-même, dans sa nature propre, son caractère distinctif, qui entraîne, comme nous allons le voir
(nos 29 et suivants), des conséquences si importantes, et ne
pas changer ainsi de catégorie, ce qui la soumettrait à des
règles complétement différentes, suivant la volonté mobile
et arbitraire de telle ou telle personne qui élèverait ou dé-
truirait des bâtiments sur l'un ou sur l'autre des deux
fonds.

C'est donc en examinant la servitude réelle en elle-
même, dans sa nature propre, dans ce qui la constitue,
dans la nécessité où l'on est de penser, pour la concevoir,
à un héritage rural seulement ou à un héritage urbain, c'est-
à-dire à un fonds non bâti ou à un fonds bâti, qu'on dé-

---

(1) Digeste, livre 8, titre 4, fragment 11.
(2) Voyez M. Ortolan, Explication des Instituts de Justinien, tome I, page 414.

terminera si telle servitude est une servitude de fonds rural
ou une servitude de fonds urbain : « *Servitutes prædiorum*
Les servitudes prédiales
aliæ in solo, aliæ in superficie consistunt (1). » Ainsi,
consistent les unes dans le sol, les autres dans la superficie.

les servitudes de passage, de puisage, de pacage, etc., se
conçoivent parfaitement, sans entraîner en aucune manière l'idée d'une construction quelconque ; l'idée du sol
suffit : « *in solo consistunt* » : ce sont des servitudes de
elles consistent dans le sol

fonds ruraux. Mais il en est d'autres qui ne peuvent pas
même se concevoir sans entraîner nécessairement l'idée
d'une construction, de quelque chose d'établi, de placé, de
fait au-dessus du sol, d'une superficie (*superficies*) : « *Ser-*
Les
vitutes quæ in superficie consistunt... si forte, ex ædibus
servitudes qui consistent dans la superficie... si, par exemple, j'ai une
meis in ædes tuas lignum immissum habuero... si mœnia
poutre de ma maison appuyée sur ta maison... si j'ai un
num in tuum immissum habuero, aut stillicidium in tuum
balcon avancé sur ton fonds, ou si j'ai projeté une gouttière sur ton
projecero... (2) ». Pour les servitudes dont parle ce texte,
fonds...

comme pour celles de jour, de vue, etc., l'idée du sol ne
suffit pas ; « *in superficie consistunt* » : ce sont des
elles consistent dans la superficie.

servitudes de fonds urbains (3). La servitude de ne pas
bâtir peut fournir un exemple curieux de servitude de fonds
urbain ; car elle peut exister sans qu'il y ait aucune construction, ni sur l'un, ni sur l'autre fonds, et elle a pour

---

(1) Digeste, livre 8, titre 1, fragment 3.

(2) Digeste, livre 8, titre 2, fragment 20, principium.

(3) Voyez M. Demolombe, Cours de Code Napoléon, tome XII, n° 705; MM. Du
Caurroy, Bonnier et Roustain, Commentaire du Code civil, tome II, n° 342;
M. Ortolan, Explication des Instituts de Justinien, tome I, pages 414 et 415; et Vin-
nius, Commentaire sur les Institutions impériales, livre 2, titre 3, § 1, n° 2.

but d'empêcher d'en élever à l'avenir; de sorte que, si les deux fonds sont soumis réciproquement l'un envers l'autre à cette servitude, aucune construction ne doit jamais exister ni sur l'un ni sur l'autre; et cependant, comme il est impossible de concevoir cette servitude, sans avoir immédiatement et indispensablement l'idée d'un édifice, d'une superficie, *in superficie consistit,* elle consiste dans la superficie, c'est une servitude de fonds urbain (1).

Cela posé, il peut arriver qu'une servitude, qui ordinairement ne nécessite pas de construction, ait été, lors de son établissement, considérée de telle manière que, dans ce cas particulier, une construction soit nécessaire à l'existence même de la servitude; l'idée de cette construction fait alors partie intégrante de cette servitude spéciale, et ne peut plus en être séparée sans que cette servitude cesse d'exister. C'est ainsi que le droit d'aqueduc, qui est presque toujours, nous l'avons dit, compris parmi les servitudes de fonds ruraux, parce que l'idée du sol suffit, dans les cas ordinaires, pour concevoir l'existence de ce droit, est cependant donné par un texte comme exemple de servitude de fonds urbain; mais ce texte dit que l'aqueduc dont il s'agit passe à travers une maison : « ... *Itemque de servitutibus urbanorum* ... Et de même pour les servitudes d'héritages *prædiorum...forte si per domum quis suam passus est aquæ* urbains... par exemple, si quelqu'un a souffert qu'on fit passer un aque- *ductum transduci...* (2) », et il faut supposer que, par duc à travers sa maison... suite de la disposition des lieux ou de quelque autre circonstance, le sol ne pouvait pas suffire pour que cet aqueduc existât, et qu'il fallait nécessairement, pour cela, qu'une

---

4.

construction permit à l'eau de passer à la hauteur convenable (1).

§ 2.

29. Triple importance de cette division.

Pour cette division encore, nous devons rechercher quelle en est l'importance. Cette importance est très-grande et se présente sous trois points de vue différents, dont le premier ne se rencontre que dans l'ancien droit romain, mais dont les deux derniers subsistent encore complétement sous Justinien (2).

30. 1° Au point de vue de la mancipation.

Sous le premier point de vue, l'importance de cette division consiste en ce que les servitudes de fonds ruraux avaient été admises parmi les choses de mancipation (*res mancipi* ou *mancipii*), tandis que les servitudes de fonds urbains étaient restées parmi les choses de non-mancipation (*res nec mancipi* ou *nec mancipii*) (3).

31. Mancipation.

La mancipation, qui fut nommée d'abord *mancipium*, et seulement plus tard *mancipatio*, est un acte juridique et solennel de l'ancien droit romain. A l'époque de Justinien, elle était depuis longtemps tombée en désuétude. Elle a pour but et pour effet de transférer certains droits réels, spécialement la propriété. « *Mancipatio propria spe-*
La mancipation est une espèce

---

(1) Voyez M. Ortolan, Explication des Instituts de Justinien, tome I, page 415, note 1.

(2) Voyez M. Ortolan, Explication des Instituts de Justinien, tome I, page 415.

(3) Voyez M. Ortolan, Explication des Instituts ds Justinien, tome I, page 415.

cies alienationis est....., (1) » ; et il faut la placer en pre-
particulière d'aliénation.....

mière ligne parmi les divers modes d'acquisition qui
étaient autrefois usités : « *Singularum rerum dominia*
La propriété des choses particulières

nobis adquiruntur mancipatione, traditione, usucapione,
nous est acquise par la mancipation, par la tradition, par l'usucapion,

in jure cessione, adjudicatione, lege (2). » — « *Est*
par la cession juridique, par l'adjudication, par la loi. Or la

autem mancipatio.... imaginaria quædam venditio....(3) »
mancipation....., est une certaine vente imaginaire....

— C'est un acte essentiellement de droit civil, auquel conséquemment les étrangers ne peuvent pas prendre part, à
moins de concession spéciale : « ..... *quod et ipsum jus*
et cela encore est le droit

proprium civium Romanorum est.... (4) » — « *Mancipatio*
lui-même et propre des citoyens romains..... La mancipation

locum habet inter cives Romanos et Latinos colonarios
a lieu entre les citoyens romains, et les Latins colons,

Latinosque Junianos eosque peregrinos quibus commercium
et les Latins Juniens, et ces étrangers auxquels le commerce a

datum est (5). » « *Commercium est emendi venden-*
été donné. Le commerce est le droit d'acheter et de

dique invicem jus (6). » — « *..... eaque fit certis verbis,*
vendre réciproquement. ..... et elle se fait par certaines pa-

libripende et quinque testibus præsentibus (7). » — « *...Eaque*
roles, en présence d'un porte-balance et de cinq témoins. ...; Et cette

res ita agitur : adhibitis non minus quam quinque testibus
chose se fait ainsi : étant appelés au moins cinq témoins

---

(1) Ulpien, Règles, titre 19, § 3.
(2) Ulpien, Règles, titre 19, § 2.
(3) Gaïus, Institutions, commentaire 1, § 119.
(4) Gaïus, Institutions, commentaire 1, § 119.
(5) Ulpien, Règles, titre 19, § 4.
(6) Ulpien, Règles, titre 19, § 5.
(7) Ulpien, Règles, titre 19, § 6.

civibus Romanis puberibus, et præterea alio ejusdem con-
citoyens romains pubères, et en outre, un autre de la même condition

ditionis qui libram tenent teneat, qui appellatur libripens,
qui tienne une balance d'airain; lequel est appelé porte-balance, celui

is qui mancipio accipit, rem tenens, ita dicit : HUNC EGO
qui reçoit en mancipation, tenant la chose, parle ainsi :

« CET
HOMINEM » (dans le cas particulier où il s'agirait de la manci-
nomme,

pation d'un esclave) « EX JURE QUIRITIUM MEUM ESSE AIO,
JE DIS QU'IL EST MIEN D'APRÈS LE DROIT DES QUI-

ISQUE MIHI EMPTUS EST HOC ÆRE ÆNEAQUE
RITES, ET IL A ÉTÉ ACHETÉ PAR MOI AU MOYEN DE CET AIRAIN ET DE CETTE BA-

LIBRA; *deinde ære percutit libram, idque æs dat*
LANCE D'AIRAIN; ensuite il frappe de l'airain la balance, et il donne cet ai-

ei a quo mancipio accipit, quasi pretii loco (1). »
rain à celui de qui il reçoit en mancipation, comme en place du prix.

« *Ideo autem æs et libra adhibetur, quia olim æreis tan-*
Or, l'airain et la balance sont employés, parce qu'autrefois on ne servait

tum nummis utebantur......, nec ullus aureus vel argenteus
seulement de monnaies d'airain...., et aucune monnaie d'or ou d'argent

(nummus in) usu erat, sicut ex lege XII Tabularum intelli-
n'était en usage, ainsi que nous pouvons le comprendre d'après la loi des

gere possumus; eorumque nummorum vis et potestas non
Douze Tables; et l'importance et la valeur de ces monnaies était, non

in numero erat, sed in pondere (nummorum)..... qui dabat
dans le nombre; mais dans le poids des monnaies....; celui qui

(pecuniam præsentem; is tum non) numerabat eam, sed
donnait de l'argent présentement, celui-là alors ne le comptait pas,

appendebat..... (2) » (3).
mais le pesait.....

---

(1) Gaïus, Institutions, commentaire 1, § 119.
(2) Gaïus, Institutions, commentaire 1, § 122.
(3) Voyez M. ORTOLAN, Explication des Instituts de Justinien, tome I, page 312;
et M. PELLAT, Principes du droit romain sur la propriété et sur l'usufruit, n°ˢ 10 et 11.

52. Choses de mancipation.

Mais quelles étaient les choses pour l'aliénation desquelles la simple tradition ne suffisait pas? à l'égard desquelles (si on ne pouvait ou si on ne voulait employer les modes d'aliénation qui nécessitent ou un laps de temps assez considérable, ou l'intervention soit du magistrat, soit du juge, ou l'autorité de la loi) à l'égard desquelles il fallait avoir recours à ces formalités sacramentelles, à cette vente fictive, à cette appréhension de la chose, à ce payement symbolique, à cette formule, et à la présence de ces citoyens? en d'autres termes, quelles étaient les choses de mancipation? Dès que nous le saurons, nous connaîtrons aussi, par cela même, les choses de non-mancipation, car « *Omnes res aut* [Toutes les choses] *mancipi sunt, aut nec mancipi...* (1) » [sont ou de mancipation, ou de non-mancipation ...] — Les jurisconsultes romains ne s'attachent pas à indiquer quels sont les caractères auxquels on pourra les distinguer; ils procèdent par énumération, et donnent la liste des choses de mancipation : « *Eo modo* » [De cette manière], dit Gaïus, « *et serviles et li-* [sont mancipées et les] *beræ personæ mancipantur; animalia quoque quæ* [personnes esclaves et les libres; pareillement les animaux qui sont de] *mancipi sunt, quo in numero habentur boves, equi,* [mancipation, et dans ce nombre sont les bœufs, les chevaux,] *muli, asini; item prædia tam urbana quam rustica,* [les mulets, les ânes; de même les héritages tant urbains que rustiques] *quæ et ipsa mancipi sunt qualia sunt* [qui eux-mêmes aussi sont de mancipation, tels que sont les] *Italica, eodem modo solent mancipari* (2). » [héritages italiques, ont coutume d'être mancipés de la même manière.]

---

(1) ULPIEN, Règles, titre 19, § 1.
(2) GAÏUS, Institutions, commentaire 1, § 120.

« .... *Mancipi res* », dit Ulpien, « *sunt præ-*
.... Les choses de mancipation sont les hé-
dia in Italico solo, tam rustica, qualis est fundus,
ritages sur le sol italique, tant rustiques, comme est un fonds,
quam urbana, qualis domus; item jura prædiorum
que urbains, comme une maison; de même les droits d'héritages
rusticorum, velut via, iter, actus,
rustiques, comme la voie, le passage, la conduite,
aquæductus; item servi, et quadrupedes
l'aqueduc; de même les esclaves, et les quadrupèdes
quæ dorso collove domantur, velut boves, muli,
qui se domptent par le dos ou par le cou, comme les bœufs, les mulets,
equi, asini. Ceteræ res nec mancipi
les chevaux, les ânes. Les autres choses sont de non-manci-
sunt. Elephanti et cameli, quamvis collo dorsove
pation. Les éléphants et les chameaux, quoiqu'ils se domptent par le
domentur, nec mancipi sunt, quoniam bestiarum
dos ou par le cou, sont de non-mancipation, parce qu'ils sont au nom-
numero sunt (1). » (2)
bre des bêtes sauvages.

Mais de cette énumération même, on peut déduire les
caractères distinctifs des choses de mancipation, et ces caractères dérivent tous de l'acte même de la mancipation.
En effet : — La première condition, c'est que la chose soit
au nombre des choses du droit civil romain, qu'elles ne soit
pas étrangère (les Romains avaient accordé ou refusé aux
choses, aussi bien qu'aux personnes, la participation à
leur droit civil (3)) ; car, nous l'avons déjà dit, la mancipation est un acte essentiellement de droit civil : « .... *quod*
... et cela

---

(1) ULPIEN, Règles, titre 19, § 1.
(2) Voyez M. ORTOLAN, Généralisation du droit romain, n° 42; et M. PELLAT, Principes du droit romain sur la propriété et sur l'usufruit, n° 12.
(3) Voyez M. ORTOLAN, Généralisation du droit romain, n° 40.

et ipsum jus propriam civium Romanorum est... (1) » :
encore est le droit lui-même et propre des citoyens romains...

voilà pourquoi les fonds italiques, qui seuls, en principe,
sont susceptibles d'une véritable propriété, du domaine
d'après le droit des Quirites (*dominium ex jure Quiritium*),
sont seuls aussi choses de mancipation ; pourquoi les fonds
provinciaux ne le sont pas, à moins qu'ils n'aient été assi-
milés aux fonds italiques, par la concession qui aurait été
faite exceptionnellement à tel ou tel d'entre eux, du droit
italique (*jus italicum*) (2) ; voilà pourquoi encore les éléphants et les chameaux, qui n'étaient pas employés comme
bêtes de somme ou de trait, à Rome, lorsque cette division
des choses a été établie, qui n'étaient pas même connus
des Romains primitifs, et qui évidemment leur sont venus
des pays étrangers, sont restés parmi les choses de non-
mancipation (3) ; — La seconde condition, c'est que la chose
puisse être prise avec la main ; car, dans la mancipation,
l'acquéreur doit tenir la chose : «... *rem tenens...* (4) »,
      .... tenant la chose...

et c'est cette appréhension même de la chose avec la main,
qui fournit l'étymologie du mot mancipation : *manu*
           prendre
capere : voilà pourquoi les choses incorporelles, c'est-à-
avec la main
dire des droits, des abstractions, qui sont des conceptions
de l'intelligence, et qui, conséquemment, ne peuvent pas
être matériellement saisies, sont, en principe, exclues de la
classe des choses de mancipation : «.... *fere omnia (quæ*
        .... presque toutes les

incorpo)ralia sunt, *nec mancipi sunt,* *exceptis*
choses qui sont incorporelles, sont de non-mancipation, excepté les

---

(1) Gaïus, Institutions, commentaire I, § 119.
(2) Voyez M. Ortolan, Généralisation du droit romain, n° 11.
(3) Voyez M. Ortolan, Généralisation du droit romain, n° 12 ; et M. Pellat, Prin-
ripes du droit romain sur la propriété et sur l'usufruit, n° 12.
(4) Gaïus, Institutions, commentaire I, § 110.

servitutibus prædiorum rusticorum; (nam hæ quidem
servitudes d'héritages rustiques;   car celles-ci sont bien
mancipi res) sunt, quamvis sint ex numero re-
choses de mancipation,   quoiqu'elles soient au nombre des choses
rum incorporalium (1). » (2) Nous dirons tout à l'heure
incorporelles.

(n° 33) les motifs qui ont fait admettre cette exception; — Enfin, la troisième condition, c'est que la chose ait une individualité assez facilement reconnaissable, pour que les citoyens, qui ont été appelés à concourir, par leur présence à la mancipation, puissent attester, si plus tard une discussion avait lieu sur la propriété de cette chose, que c'est identiquement celle à la mancipation de laquelle ils ont assisté : voilà pourquoi les choses de mancipation sont relativement peu nombreuses, et pourquoi en même temps ce sont véritablement les plus précieuses «... *pretiosiori-*
... les choses les
bus rebus.... (3) »; si on considère, non les conventions
plus précieuses
arbitraires de la vanité et du luxe, mais l'utilité véritable que ces choses présentent pour la satisfaction des besoins de l'homme, chez un peuple et à une époque où l'industrie n'était pas du tout développée. Le sol, les bâtiments qui y sont incorporés, les hommes libres et les esclaves, et enfin les animaux qui rendent à l'homme de grands services et qui partagent ses travaux : telles sont les choses qui ont paru avoir une individualité assez distincte, pour être élevées au rang de choses de mancipation (4).

Lorsqu'une chose est chose de mancipation, il est plus difficile de l'aliéner, de l'acquérir, en un mot, d'en trans-

---

(1) Caius, Institutions, commentaire 2, § 17.

(2) Voyez M. Ortolan, Généralisation du droit romain, n° 41; et M. Pellat, Principes du droit romain sur la propriété et sur l'usufruit, n° 12.

(3) Caius, Institutions, commentaire 1, § 192.

(4) Voyez M. Ortolan, Généralisation du droit romain, n° 42.

férer la propriété : — ainsi, 1°, la volonté commune des parties et la tradition ne suffisent pas pour en produire l'aliénation : ce résultat ne peut être atteint qu'au moyen de la mancipation ou d'un des autres modes civils d'acquisition ; — ainsi, 2°, d'après la loi des Douze-Tables, la femme placée sous la tutelle de ses agnats peut bien aliéner les choses de non-mancipation, mais ne peut pas, à moins que son tuteur n'y consente, aliéner les choses de mancipation : « *Tutoris auctoritas necessaria est mulieribus quidem in his rebus : ..... si rem mancipi alienent...* (1) »

L'autorisation du tuteur est certainement nécessaire aux femmes dans ces choses : .... si elles aliènent une chose de mancipation.

Cette règle est encore en vigueur même à l'époque où, depuis longtemps, la tutelle des femmes n'est plus qu'une institution traditionnelle, mais sans caractère sérieux : « *Sane patronorum et parentum legitimæ tutelæ vim ali- quam habere intelliguntur, eo quod hi neque ..... neque ad res mancipi alienandas ..... auctores fieri coguntur, præterquam si magna causa alienandarum rerum mancipi.... interveniat...* (2) » ; — ainsi

Toutefois les tutelles légitimes des patrons et des ascendants sont considérées comme ayant une certaine force, en ce que ceux-ci ne sont pas tenus de donner leur autorisation ni pour ..... ni pour aliéner les choses de mancipation ..... excepté si une grande cause d'aliéner les choses de mancipation ..... intervient.

enfin, 3°, (telle est encore la disposition de la loi des Douze-Tables) l'usucapion même, un mode civil d'acquisition applicable ordinairement tant aux choses de mancipation qu'aux choses de non-mancipation, l'usucapion ne peut pas transférer la propriété d'une chose de mancipation appartenant à une femme, à moins que son tuteur n'ait consenti à la tradition qu'elle en a faite : « (*Item olim*)

De même autrefois

---

(1) ULPIEN, Règles, titre 11, § 27.
(2) GAIUS, Institutions, commentaire 1, § 192.

mulieris, quæ in agnatorum tutela erat, res
les choses de mancipation d'une femme qui était sous la tutelle de
mancipi usucapi non poterant, præterquam si ab
ses aguals ne pouvaient pas être usucapées, excepté si elles avaient été
ipsa tutore (auctore) traditæ essent : id(que) ita
livrées par elle-même avec l'autorisation du tuteur : et cela était ainsi
lege XII Tabularum caut(um erat) (1). » (2) — Il y avait
ordonné par la loi des Douze-Tables.

donc grand intérêt, dans l'ancien droit, à distinguer les
choses de mancipation et les choses de non-mancipation ;
mais peu à peu cette distinction s'effaça, et Justinien a
formellement assimilé toutes ces choses d'une manière complète, en décidant que tous les modes de translation de
propriété qu'il conservait s'appliqueraient aussi bien aux
unes qu'aux autres (3).

33. Les servitudes de fonds ruraux sont choses de mancipation.

Or, nous l'avons dit (n° 32), les servitudes de fonds
ruraux (mais non celles de fonds urbains) avaient été classées parmi les choses de mancipation : « .... *fere*
presque toutes les
omnia (quæ incorpo)ralia sunt, nec mancipi sunt, exceptis
choses qui sont incorporelles sont de non-mancipation, excepté
servitutibus prædiorum rusticorum... (4) » « ..... *Mancipi*
les servitudes d'héritages rustiques.   .... Les choses de
res sunt..............; item jura prædiorum rusticorum,
mancipation sont..........; de même les droits d'héritages ruraux, comme

---

(1) Gaïus, Institutions, commentaire 2, § 47.
(2) Voyez M. Ortolan, Généralisation du droit romain, n° 42.
(3) Voyez M. Ortolan, Généralisation du droit romain, n° 42; et M. Pellat, Principes du droit romain sur la propriété et sur l'usufruit, n° 53.
(4) Gaïus, Institutions, commentaire 2, § 17.

velut via, iter, actus, aquæductus... (1) »; et il est inu-
la voie, le passage, la conduite, l'aqueduc.
tile d'ajouter que ce sont les servitudes des héritages ruraux situés en Italie ou jouissant du droit italique, car les
héritages eux-mêmes, quand ils sont situés dans les provinces, ne sont pas choses de mancipation. — Mais pourquoi, malgré leur nature de choses incorporelles et que
par conséquent on ne peut pas prendre avec la main (*manu
capere*), ces servitudes sont-elles mises au nombre des
choses de mancipation ? L'explication la plus probable de
cette exception qui constitue une différence notable entre
les servitudes de fonds ruraux et celles de fonds urbains,
c'est que les Romains, peuple agriculteur en même temps
que guerrier, sentirent de bonne heure l'utilité, la nécessité de créer les servitudes de fonds ruraux, et qu'ils s'em-
pressèrent de les comprendre parmi les choses les plus
précieuses pour eux, « ... *pretiosioribus rebus*.. (2) » : ils
les choses les plus précieuses.
ne sentirent que plus tard et vers l'époque où la mancipation elle-même tomba en désuétude et disparut, les avantages qui peuvent résulter des servitudes de fonds urbains,
car leurs maisons, à l'origine, n'étaient point adossées et
reliées les unes aux autres, mais distantes et isolées, d'où
leur venait leur dénomination de îles (*insulæ*) (3). Quant à
ce caractère de choses incorporelles, les Romains, sans le
méconnaître dans les servitudes de fonds ruraux, avaient
cru pouvoir passer outre, et s'attacher fortement, par rapport à elles, à cette idée qu'elles se confondent avec le
fonds, avec le champ lui-même dont elles constituent seulement une qualité : « *Quid aliud sunt jura prædio-*
Que sont autre chose les servitudes pré-

---

(1) ULPIEN, Règles, titre 19, § 1.
(2) GAÏUS, Institutions, commentaire 1, § 192.
(3) Voyez M. ORTOLAN, Explication des Instituts de Justinien, tome I, page 337; et Généralisation du droit romain, n° 42.

rum, quam prædia qualiter se habentia, ut bonitas,
diales, que les héritages se trouvant de telle manière, comme la bonté,
que des qualités des héritages,

salubritas, amplitudo (1)? »
la salubrité, l'étendue?

Telle est l'importance qu'il y avait, sous ce premier point de vue, à rechercher si telle servitude rentre dans la classe des servitudes de fonds ruraux ou dans celle des servitudes de fonds urbains.

34. 2° Au point de vue de la continuité.

Sous le deuxième point de vue, cette importance n'est pas moindre ; mais, ainsi que nous l'avons annoncé (n° 22), quoique cette nouvelle différence soit rapportée par les textes du droit romain aux dénominations de servitudes de fonds ruraux et de servitudes de fonds urbains, elle découle, non pas précisément de ce caractère, mais d'un autre plus métaphysique, moins facile à découvrir, et que la législation romaine, à cause de cela même, n'avait pas suffisamment remarqué et mis en saillie de manière à le considérer isolément. Ce caractère plus rationnel, dont la législation française, au contraire, a bien compris l'utilité, et dont, comme nous le verrons plus tard (tome II, n°s 18 et 19), elle a fait le fondement d'une division féconde des servitudes réelles (2), c'est celui de la continuité ou de la discontinuité de la servitude. Les Romains avaient seulement entrevu cette différence dans la distinction qu'ils avaient formulée entre les servitudes de fonds urbains et les servitudes de fonds ruraux : les servitudes de fonds urbains présentent, en effet, une continuité qui ne se rencontre pas, ordinairement, dans les servitudes de fonds ruraux. C'est ainsi que, dans la servitude qui consiste dans le

---

(1) Digeste, livre 50, titre 16, fragment 86.
(2) Voyez Code Napoléon, article 688.

droit d'appuyer des poutres sur le mur du voisin (*servitus tigni immittendi*), les poutres portent toujours sur le mur ; que, dans celle qui consiste dans le droit de déverser les eaux d'une gouttière sur le terrain du voisin, et conséquemment dans la nécessité où se trouve ce voisin de les recevoir (*servitus stillicidii recipiendi*), la gouttière est toujours inclinée sur ce terrain ; que, dans celle qui consiste dans le droit d'avoir une fenêtre prenant du jour sur le fonds du voisin (*servitus luminum*), la fenêtre subsiste toujours pratiquée dans le mur : et toutes ces servitudes sont des servitudes de fonds urbains. C'est ainsi, réciproquement, que les servitudes de passage (*servitus itineris*), de puisage (*servitus aquæ haustus*), de pacage (*servitus pascendi*), ne peuvent pas être exercées sans l'intervention, sans le fait de l'homme, d'où il suit que l'exercice en est souvent interrompu, car cette intervention, ce fait ne peut être que temporaire et conséquemment discontinu : et ces servitudes sont des servitudes de fonds ruraux. « *Servi-tutes prædiorum rusticorum... tales sunt servitutes, ut non habeant certam continuamque possessionem : nemo enim tam perpetuo tamque continenter ire potest, ut nullo momento possessio ejus interpellari videatur... (1) »*

Les ser-vitudes d'héritages rustiques.... sont des servitudes telles qu'elles n'ont pas une possession certaine et continue : car personne ne peut passer si perpétuellement et si continuellement, que, à aucun moment, sa possession ne paraisse interrompue....

58. Les servitudes de fonds urbains, étant continues, se conservent par la quasi-possession, et ne s'éteignent pas par le non-usage seul.

C'est ce caractère de continuité, attaché aux servitudes de fonds urbains, qui fait qu'elles se conservent par la quasi-possession, d'elles-mêmes, et sans aucun fait de

(1) Digeste, livre 8, titre 1, fragment 14, principium.

l'homme : « *Servitutes quæ in superficie consistunt posses-*
Les servitudes qui consistent dans la superficie sont con-
sione retinentur. Nam si forte ex ædibus meis in ædes tuas
servées par la possession. Car, si, par exemple, j'ai une poutre appuyée de
tignum immissum habuero, hoc ut immissum habuero, per
ma maison sur ta maison, dès que je l'ai, appuyée, je possède, par le fait
causam tigni possideo habendi consuetudinem. Idem evenit
de la poutre, le droit d'en avoir habituellement. La même chose
et si mænianum in tuum immissum habuero, aut stillici-
arrive encore si j'ai un balcon avancé sur ton fonds, ou si j'ai projeté une
dium in tuum projecero; quia in tuo aliquid utor,
gouttière sur ton fonds; parce que j'exerce un certain usage sur
et sic quasi facto quodam possideo (1). »
ton fonds, et que je possède ainsi comme par un fait.

Par une conséquence de ce que nous venons de dire, ce
même caractère de continuité produit une autre différence
relativement à l'extinction des servitudes réelles. Quoique toutes les servitudes réelles, soit de fonds ruraux, soit
de fonds urbains, s'éteignent par le non-usage pendant
deux ans, cependant ce non-usage, qui suffit pour faire
perdre les servitudes de fonds ruraux, ne suffit pas pour
faire perdre les servitudes de fonds urbains, si, en même
temps, il ne s'est joint à l'abstention du propriétaire du
fonds auquel est due la servitude, un acte positif émanant de l'autre propriétaire et empêchant l'exercice de la
servitude : « *Hæc autem jura,* » (les servitudes d'héritages
Or ces droits,
urbains) « *similiter ut rusticorum quoque prædio-*
semblablement à ce qui a lieu aussi pour ceux des héritages
rum, certo tempore non utendo pereunt : nisi quod
rustiques, périssent par le non-usage pendant un temps déterminé; si ce
hæc dissimilitudo est, quod non omnimodo pereunt non
n'est qu'il y a cette différence qu'ils ne périssent pas de toute manière par

---

(1) Digeste, livre 8, titre 2, fragment 20, principium.

utendo, sed ita, si vicinus simul libertatem usuca-
le non-usage, mais seulement si le voisin en même temps usucape sa libé-
piat : veluti si œdes tuœ œdibus meis serviant, ne altius
ration ; comme si la maison doit à ma maison la servitude de ne pas être
tollantur, ne luminibus mearum œdium officiatur, et ego
élevée plus haut, afin de ne pas nuire aux jours de ma maison, et que,
per statutum tempus fenestras meas perfixas habuero, vel
pendant le temps déterminé, j'aie eu mes fenêtres percées ou que je les
obstruxero ; ita demum jus meum amitto, si tu per hoc tem-
aie bouchées, je ne perds mon droit que si tu as eu, pendant ce
pus, œdes tuas altius sublatas habueris : alioquin si nihil
temps, ta maison élevée plus haut : autrement si tu n'as
novi feceris, retineo servitutem. Item si ligni im-
rien fait de nouveau, je conserve la servitude. De même, si ta maison
missi œdes tuœ servitutem debent, et ego exemero lignum;
doit la servitude de la poutre appuyée, et que j'aie ôté la poutre,
ita demum amitto jus meum, si tu foramen unde exemptum
je ne perds mon droit que si tu as bouché le trou d'où
est tignum obturaveris, et per constitutum tempus ita
la poutre a été ôtée, et que tu l'aies gardé ainsi pendant le

jus
habueris; alioquin, si nihil novi feceris, integrum jus
temps réglé; autrement, si tu n'as rien fait de nouveau, mon droit
meum

suum permanet (1). » (2)
reste entier.

Tel est encore le grand intérêt qu'il y a à rechercher, même sous Justinien, si telle servitude rentre dans la classe des servitudes de fonds ruraux, ou dans celle des servitudes de fonds urbains.

---

(1) Digeste, livre 8, titre 2, fragment 6.

(2) Voyez M. Ortolan, Explication des Instituts de Justinien, tome I, pages 415 et 428; et M. Pellat, Principes du droit romain sur la propriété et sur l'usufruit, n° 93.

36. 3° au point de vue de l'hypothèque.

Sous ce dernier point de vue, l'importance de cette division consiste en ce que les servitudes de fonds urbains ne peuvent pas être hypothéquées, tandis que les servitudes de fonds ruraux peuvent l'être.

37. Gage et hypothèque.

Dans les premiers temps de la législation romaine, lorsqu'un créancier exigeait une garantie de son débiteur, celui-ci transférait au créancier la propriété même de choses lui appartenant ; mais en ajoutant que, dès que la dette serait éteinte, le créancier lui retransférerait cette propriété : cette clause additionnelle se nommait clause de *fiducie* (*fiducia*).

Plus tard, le débiteur ne fut plus obligé de se dépouiller, même temporairement de sa propriété ; il lui suffit de remettre au créancier la possession matérielle d'un objet, et cette possession devait être rendue au débiteur, après l'extinction de la dette. On nomme *gage* (*pignus*), cet objet ainsi possédé par le créancier pour sûreté de sa créance. Cette garantie ne durait qu'autant que le créancier continuait à détenir l'objet ; si cette détention cessait, son droit de gage cessait également.

Mais, les préteurs voulurent que le créancier, à qui cette détention du gage aurait été enlevée, eût le droit de se la faire restituer ; et ils créèrent, dans ce but, deux actions : d'abord, l'action *servienne (serviana)*, ainsi nommée du nom de son auteur, Servius, pour le cas particulier de choses données en gage par un fermier *(colonus)*, comme garantie du payement de ses fermages ; ensuite, l'action quasi-servienne *(quasi-serviana)*, qui n'est que l'action précédente généralisée et appliquée à tous les cas de gage.

Enfin, les préteurs allèrent plus loin, et décidèrent qu'il ne serait même plus nécessaire de remettre matériellement l'objet au créancier, et qu'une simple convention suffirait pour lui donner, sur cet objet resté au pouvoir de son propriétaire, les mêmes droits que s'il y avait eu gage proprement dit. C'est cette nouvelle institution qu'on nomme *hypothèque* (*hypotheca*) : « *Contrahitur hypotheca per* L'hypothèque est contractée par *pactum conventum, cum quis paciscatur, ut res ejus* un pacte convenu, lorsque quelqu'un convient que ses choses, *propter aliquam obligationem, sint hypothecæ nomine* à cause d'une obligation, soient obligées à titre *obligatæ...* (1) » d'hypothèque...

Le droit du créancier gagiste ou du créancier hypothécaire consiste en ce qu'il peut : 1° s'il n'est pas payé, faire vendre l'objet et se payer sur le prix, par préférence aux autres créanciers du même débiteur ; et 2° poursuivre, au moyen des actions dont nous avons parlé (l'action servienne et l'action quasi-servienne, qu'on appelle aussi quelquefois *hypothécaire* (*hypothecaria*), les tiers détenteurs de l'objet engagé ou hypothéqué.

Quant aux choses qui peuvent être l'objet du gage ou de l'hypothèque, voici la règle générale : « *Quod emptionem* Ce qui admet l'achat *venditionemque recipit, etiam pignorationem recipere* et la vente, peut aussi admettre *potest* (2). » Des textes particuliers appliquent cette règle à l'engagement. des choses de diverses espèces (3).

---

(1) Digeste, livre 20, titre 1, fragment 4.

(2) Digeste, livre 20, titre 1, fragment 9, § 1.

(3) Voyez M. ORTOLAN, Explication des Instituts de Justinien, tome II, pages 520 et 521.

38. Les servitudes de fonds ruraux peuvent être hypothéquées ; les servitudes de fonds urbains ne le peuvent pas.

En ce qui concerne spécialement les servitudes réelles, les deux textes suivants établissent encore une grande différence entre les servitudes de fonds urbains et les servitudes de fonds ruraux : « *Jura prædiorum urbanorum pignori* Les droits d'héritages urbains ne peuvent *dari non possunt. Igitur nec convenire possunt, ut* pas être donnés en gage. Donc, on ne peut convenir non plus qu'ils soient *hypothecæ sint* (1). » « *Sed an viæ, itineris, actus,* (donnés) en hypothèque. Mais Pomponius dit qu'il faut voir si la *aquæductus pignoris conventio locum habeat, videndum* convention de gage d'une voie, d'un passage, d'une conduite, d'un *esse Pomponius ait, ut talis pactio fiat (ut) quamdiu* aqueduc, aurait lieu, de manière qu'on fasse un tel pacte, que tant que *pecunia soluta non sit, eis servitutibus creditor, utatur;* l'argent ne sera pas payé, le créancier usera de ces servitudes, bien *scilicet si vicinum fundum habeat : et si intra diem* entendu s'il a un fonds voisin ; et que, si dans un temps *certum pecunia soluta non sit, vendere eas vicino* déterminé l'argent n'est pas payé, il lui soit permis de les vendre à un *liceat. Quæ sententia propter utilitatem contrahentium* voisin. Et cette opinion doit être admise, à cause de l'utilité *admittenda est* (2). » des contractants.

---

(1) Digeste, livre 20, titre 1, fragment 11, § 3.
(2) Digeste, livre 20, titre 1, fragment 12.

CHAPITRE III.

De l'Établissement des servitudes réelles.

SECTION PREMIÈRE.

39. Personnes qui peuvent établir ou acquérir les servitudes réelles.

Pour établir une servitude sur un fonds, il faut fractionner, démembrer la propriété de ce fonds, et aliéner le
démembrement qu'on a ainsi formé. Or, le droit de fractionner la propriété et le droit d'aliéner ne peuvent, en
principe, appartenir qu'au propriétaire. C'est donc le propriétaire d'un fonds, qui seul peut, en principe, établir
une servitude sur ce fonds (1).

Si le fonds appartient en commun à plusieurs co-propriétaires, il faut, pour que la servitude existe véritablement, qu'elle ait été établie par eux tous : « *Per fundum*
qui plurium est, jus mihi esse eundi, agendi *potest separatim cedi : ergo subtili ratione* *non aliter meum fiet jus, quam si omnes cedant, et novis-* *sima demum cessione superiores omnes confirmabuntur.* »

Le droit de
passer, de conduire à travers un fonds qui appartient à plusieurs,
peut m'être cédé séparément : aussi, par un raisonnement subtil,
ce droit ne deviendra mien que si tous me le cèdent, et ce n'est que
par la dernière cession que toutes les précédentes seront confirmées.

---

(1) Voyez M. DEMOLOMBE, Cours de Code Napoléon, tome XII, nos 784 et 785.

Benignius tamen dicetur et antequam novis-
Cependant on dira plus favorablement que, même avant que le der-
simus cesserit, eos qui antea cesserunt vetare uti
nier me l'ait cédé, ceux qui me l'ont cédé auparavant, ne peuvent pas
cesso jure non posse (1). »
empêcher que je ne me serve du droit cédé.

Mais il est deux cas, dans lesquels la servitude réelle se trouve établie sur un fonds, sans la volonté du propriétaire de ce fonds; ces cas, que nous étudierons plus tard, sont : l'Adjudication (nᵒˢ 45 et suivants) et l'Usage (nᵒˢ 56 et suivants).

— C'est aussi, réciproquement, le propriétaire d'un fonds voisin du premier, qui peut seul, en principe, acquérir une servitude au profit de son fonds : « ... *Nemo...*
Personne ne
potest servitutem adquirere vel urbani vel rustici prædii,
peut acquérir de servitude d'héritage soit urbain soit rustique,
nisi qui habet prædium (2). » Cependant tous ceux
si ce n'est celui qui a un héritage.
qu'il a sous sa puissance peuvent également acquérir, au profit de ce fonds, une servitude réelle, comme ils pourraient acquérir, pour leur chef, la propriété entière, parce que leur personnalité n'est pas distincte de la sienne, mais qu'elle est au contraire confondue avec elle, absorbée par elle : « ... *Filius... ut ire patri liceat stipulando,*
.... Un fils.. en stipulant qu'il soit permis à son père de passer,
adquiret ei, imo et quod in suam personam con-
acquerra pour lui (le père), et de plus ce qu'il ne peut pas conférer à sa
ferre non potest, hoc patri adquirat (3). »
propre personne, qu'il l'acquière pour son père.

---

(1) Digeste, livre 8, titre 3, fragment 11.

(2) Institutions de Justinien, livre 2, titre 3, § 3; et Digeste, livre 8, titre 1, fragment 1, § 1.

(3) Digeste, livre 45, titre 1, fragment 130.

SECTION II.

40. Fonds sur lesquels peuvent être établies les servitudes réelles.

Quant aux fonds sur lesquels peuvent être établies des servitudes, ce sont tous les fonds dont l'aliénation n'est défendue ni par la loi (or, la loi défend l'aliénation de ceux qui n'appartiennent pas à des particuliers, c'est-à-dire qui sont de droit divin ou de droit public), ni par testament, ni par convention. « *Sancimus,* *sive* *lex alienationem*
Nous ordonnons, soit que la loi ait prohibé
inhibuerit, sive testator hoc fecerit, sive pactio
l'aliénation, soit que le testateur l'ait fait, soit que le pacte
contrahentium hoc admiserit, ... servitutes minime
des contractants l'ait admis, ... que des servitudes ne soient
imponi, ... nisi in his tantummodo casibus,
nullement imposées, ... si ce n'est seulement dans ces cas,
in quibus constitutionum auctoritas, vel testatoris vo-
dans lesquels l'autorité des constitutions, ou la volonté du tes-
luntas, vel pactionum tenor qui alienationem interdixit,
tateur, ou la teneur des pactes qui a interdit l'aliénation,
aliquid tale fieri permiserit (1). »
aura permis que quelque chose de tel fût fait.

SECTION III.

41. Divers modes d'établissement des servitudes réelles.

Il a existé en droit romain divers modes d'établissement des servitudes réelles.

Quelques-uns de ces modes ont été admis à toutes les

---

(1) Code de Justinien, livre 4, titre 51, Constitution 7.

époques ; d'autres ont, à un certain moment, cessé d'être en usage ; d'autres n'ont commencé que tard à être employés.

Il en est qui sont applicables dans tous les cas et à toute espèce de servitudes ; il en est qui ne sont applicables que dans certains cas, ou qui ne le sont qu'à certaines servitudes.

Enfin, et c'est un point important que nous aurons soin de signaler relativement à chacun d'eux, les effets produits ne sont pas les mêmes, suivant les modes qui auront été employés : ces modes, en effet, ne servent pas tous à établir, à proprement parler, des servitudes, c'est-à-dire des droits réels, des démembrements de la propriété ; il en est qui créent seulement un droit personnel, une créance, en vertu de laquelle le créancier pourra contraindre le débiteur à exécuter son obligation, qui consiste à établir véritablement la servitude par des moyens capables de la constituer comme droit réel.

Voici la liste des divers moyens que nous indiquent les textes, comme pouvant servir à l'établissement des servitudes réelles :

1° La mancipation. . . . . *(mancipatio)*,
2° La cession juridique. . . . . . *(in jure cessio)*,
3° L'adjudication. . . . . . . *(adjudicatio)*,
4° Le testament. . . . . *(testamentum)*,
5° Les pactes et les stipulations. . *(pacta et stipulationes)*,
6° L'usage. . . . . *(usus)*,
7° La tradition, et la quasi-tradition. *(traditio, et quasi traditio)*.

§ I. — LA MANCIPATION.

42. Nature et formes de la Mancipation (renvoi). Établissement des servitudes réelles par la mancipation.

Nous avons expliqué (n°s 31, 32 et 33) en quoi consiste la mancipation, et quels en sont les effets.

Qu'il nous suffise de rappeler que ce mode d'acquisition est tombé peu à peu en désuétude et n'existe plus sous Justinien ;

Que, avant sa disparition, le sol de l'Italie (par opposition au sol des provinces) participe seul au droit civil, est seul susceptible de la véritable propriété nommée *dominium ex jure Quiritium* (domaine d'après le droit des Quirites), et par conséquent des droits qui, comme les servitudes véritables, ne sont que des démembrements de cette propriété ;

Et que, même sur le sol italique, il n'y a que les servitudes de fonds ruraux (et non celles de fonds urbains) qui puissent être directement établies au moyen de la mancipation.

Pour les servitudes de fonds ruraux, quand on les avait ainsi établies par la mancipation, elles existaient parfaitement comme droits réels.

Enfin la mancipation pouvait servir encore à établir une servitude quelconque, soit personnelle, soit réelle, non plus directement, mais indirectement, dans le cas où c'était, non pas la servitude, qui était l'objet de la mancipation, mais le fonds lui-même, et que le propriétaire du fonds, en le mancipant, déduisait de la propriété complète, et retenait pour lui, sur ce fonds, une servitude (1). Mais il

---

(1) Voyez Gaïus, Institutions, commentaire 2, § 33 ; Fragments de droit romain, dits du Vatican, § 47 ; M. Ortolan, Explication des Instituts de Justinien, tome I, pages 425 et 426 ; et M. Pellat, Principes du droit romain sur la propriété et sur l'usufruit, n°s 60 et 61.

faut que ce soit précisément dans la mancipation, et non dans la vente qui a pu avoir lieu précédemment, que cette réserve soit faite ; sinon, la servitude n'existerait pas encore, et le propriétaire aurait seulement le droit d'en réclamer l'établissement : « *Si binarum œdium dominus*
Si le propriétaire de deux maisons

dixisset eas quas venderet servas fore, sed in
avait dit   que celle qu'il vendait   devrait une servitude, mais

traditione » (il faut dire, avant Justinien : dans la manci-
que dans la tradition

pation ou dans la cession juridique) « *non fecisset men-*
il n'eût pas fait men-

tionem servitutis : vel ex vendito agere potest,
tion   de la servitude, il peut agir ou par l'action de vente

vel incertum condicere, ut servitus imponatur (1). » (2)
ou par la condiction indéterminée, pour que la servitude soit imposée.

§ 2. — LA CESSION JURIDIQUE.

43. Nature et formes de la Cession juridique.

La cession juridique (*in jure cessio*) est, comme la mancipation, un acte juridique et solennel de l'ancien droit romain. Comme elle, cet acte est tombé peu à peu en désuétude et n'existait plus à l'époque de Justinien. Comme elle, il a pour but et pour effet de transférer certains droits réels, et spécialement la propriété : « *Singularum re-*
La propriété des

rum dominia nobis adquiruntur...... in jure ces-
choses particulières nous est acquise...... par la cession ju-

sione...... (3). » De même que la mancipation est la repré-
ridique.....

---

(1) Digeste, livre 8, titre 2, fragment 35.
(2) Voyez M. ORTOLAN, Explication des Instituts de Justinien, tome I, page 426.
(3) ULPIEN, Règles, titre 19, § 2.

sentation fictive d'une vente, la cession juridique est la représentation fictive d'une action en revendication : on
figure, jusqu'à un certain point, une contestation entre
deux personnes relativement à la propriété d'une chose, ét
cette contestation se termine par une décision du magistrat,
qui déclare laquelle des deux est propriétaire. Or le magistrat est un fonctionnaire qui a pour mission de dire le droit
(*jus dicere*), de le faire exécuter, et soit de renvoyer les
plaideurs devant un juge (*judex*), simple citoyen qu'il
charge d'examiner leur contestation, d'après le droit qu'il
a préalablement déclaré, et de la terminer par une sentence, soit de la terminer lui-même, dans les cas plus rares
où la déclaration du droit (*juris dictio*) suffit pour cela (1).
C'est ce qui a lieu dans la cession juridique. « *In jure*

La cession

cessio..... hoc modo fit. Apud magistratum populi
juridique se fait de cette manière. Devant le magistrat du peuple ro-

Romani, velut prætorem, vel apud præsidem provinciæ,
main, comme le préteur, ou devant le président de la province,

is cui res in jure ceditur, rem tenens ita dicit :
celui à qui la chose est cédée juridiquement, tenant la chose, parle ainsi :

HUNC EGO HOMINEM » (dans le cas particulier où il s'agi-
CET HOMME,

rait de la cession juridique d'un esclave) « EX JURE
JE DIS QU'IL

QUIRITIUM MEUM ESSE AIO ; *deinde, postquam hic vin-*
EST MIEN D'APRÈS LE DROIT DES QUIRITES ; ensuite, après que celui-ci a re-

dicave(rit, prætor interro)gat eum qui cedit, an contra
vendiqué, le préteur demande à celui qui cède si, de son côté, il

vindicet; quo negante aut tacente, tunc ei qui vindi-
revendique ; celui-ci disant que non ou se taisant, alors il attribue cette

caverit eam rem addicit.... (2) » « In jure cessio.... fit per
chose à celui qui a revendiqué...   La cession juridique.. se fait au

---

(1) Voyez M. ORTOLAN, Généralisation du droit romain, n° 86.
(2) GAIUS, Institutions, commentaire 2, § 24.

tres personas, in jure cedentis, vindicantis,
moyen de trois personnes : celui qui cède juridiquement, celui qui re-
addicentis (1). » « In jure cedit domi-
vendique, celui qui attribue. Celui qui cède juridiquement, c'est
nus, vindicat is cui ceditur, addicit
le propriétaire ; celui qui revendique, c'est celui à qui on cède ; celui
prætor (2). » (3). — L'étymologie de cette expres-
qui attribue, c'est le préteur.

sion *in jure cessio,* que nous traduisons par cession juridique, est assez curieuse : — *in jure* signifie, à proprement
parler, dans le prétoire, devant le magistrat : « *Jus plu-*
Jus se
ribus modis dicitur........ Alia significatione jus
dit en plusieurs manières... Dans une autre signification on
dicitur locus in quo jus redditur, ap-
appelle *jus* le lieu dans lequel le droit est rendu, le nom
pellatione collata ab eo quod fit, in eo ubi fit. Quem
étant transporté de ce qui se fait à l'endroit où cela se fait. Et nous
locum determinare hoc modo possumus : ubicunque
pouvons déterminer ce lieu de cette manière : partout où le
prætor, salva majestate imperii sui, salvoque more ma-
préteur, gardant la majesté de son commandement, et gardant la coutume
jorum, jus dicere constituit, is locus recte jus
des anciens, a résolu de dire le droit, ce lieu est appelé parfaite-
appellatur (4). » et, comme, d'un autre côté, dans ce
ment *jus.*

procès fictif, qui constitue la cession juridique, le propriétaire véritable, disant qu'il ne revendique pas, ou se taisant, *cedit,* se retire, recule, cède, il y a *cessio :* d'où, pour

---

(1) ULPIEN, Règles, titre 19, § 9.
(2) ULPIEN, Règles, titre 19, § 10.
(3) Voyez M. ORTOLAN, Généralisation du droit romain, n° 92, et Explication des Instituts de Justinien, tome I, pages 835 et 844 ; et M. PELLAT, Principes du droit romain sur la propriété et sur l'usufruit, n° 18.
(4) Digeste, livre 1, titre 1, fragment 11.

désigner ce mode d'aliénation, l'expression composée de *in jure cessio* (1).

44. Établissement des servitudes par la cession juridique.

Mais, contrairement à ce qui a lieu pour la mancipation, la cession juridique s'applique à toutes les choses, aux choses de mancipation comme aux choses de non-mancipation (2); et, conséquemment, elle peut être employée pour l'établissement de toutes les servitudes, soit personnelles, soit réelles, et, quant aux servitudes réelles, aussi bien pour l'établissement des servitudes de fonds ruraux, qui seules sont choses de mancipation, que pour celui des servitudes de fonds urbains : « ... *Jura prædiorum urbanorum in*

... Les droits d'héritages urbains peuvent

jure tantum cedi possunt; rusticorum vero

seulement être cédés juridiquement; mais ceux d'héritages rustiques

etiam mancipari possunt (3). » Seulement, en fait, pour

peuvent aussi être mancipés.

les servitudes de fonds ruraux, comme pour toutes les choses de mancipation, on employait plus fréquemment la mancipation que la cession juridique : « *(Ple)ru(m)que ta(me)n*

Le plus souvent cependant,

(et) fere semper mancipationibus utimur; quod enim

et presque toujours nous nous servons des mancipations; car, ce que

ipsi per nos præsentibus amicis agere possumus, hoc

nous pouvons faire par nous-mêmes en présence d'amis, il

non est necesse cum majore difficultate apud prætorem

n'est pas nécessaire d'aller le chercher, avec une plus grande difficulté,

aut apud præsidem provinciæ quærere (4). » (5) « *Sed*

auprès du préteur ou auprès du président de la province. Mais

---

(1) Voyez M. PELLAT, Principes du droit romain sur la propriété et sur l'usufruit, nº 18.

(2) Voyez M. ORTOLAN, Explication des Instituts de Justinien, tome I, page 344.

(3) GAIUS, Institutions, commentaire 2, § 29.

(4) GAIUS, Institutions, commentaire 2, § 25.

(5) Voyez M. ORTOLAN, Explication des Instituts de Justinien, tome I, page 344.

hæc scilicet in Italicis prædiis ita sunt, quia et
cela est ainsi, bien entendu, pour les héritages italiques, parce que ces
ipsa prædia mancipationem et in jure cessionem
héritages eux-mêmes admettent, et la mancipation, et la cession
accipiunt; alioquin in provincialibus prædiis... quia
juridique; il en est autrement pour les héritages provinciaux... parce que
ne ipsa quidem prædia mancipationem aut (in) jure
ces héritages eux-mêmes n'admettent certainement pas la mancipation ou
cessionem recipiunt (1). »
la cession juridique.

Les servitudes, établies au moyen de la cession juridique, existent parfaitement comme droits réels.

De même que la mancipation, la cession juridique peut servir à établir une servitude indirectement, lorsque le propriétaire du fonds cède ainsi juridiquement, non la servitude elle-même, mais le fonds de la propriété complète, duquel il déduit la servitude, pour la retenir à son profit; il faut aussi que cette réserve soit faite, non dans la vente, mais dans la cession juridique, sans quoi l'ancien propriétaire aurait seulement un droit personnel pour faire établir la servitude (2).

§ 8. — L'ADJUDICATION.

48. Nature et formes de l'Adjudication.

L'adjudication *(adjudicatio)* est un autre mode de translation de certains droits réels. Elle se trouve mentionnée aussi dans l'énumération que nous avons déjà citée : « *Sin-*
La pro-

---

(1) Gaïus, Institutions, commentaire 2, § 31.

(2) Voyez M. Ortolan, Explication des Instituts de Justinien, tome 1, pages 425 et 426 ; et M. Pellat, Principes du droit romain sur la propriété et sur l'usufruit, nᵒˢ 60 et 62.

gularum rerum dominia nobis adquiruntur... adjudica-
priété des choses particulières nous est acquise... par l'adjudica-
tione... (1) » Comme la cession juridique, elle se rattache à
tion...

la procédure romaine ; mais elle en constitue un acte sérieux, et non point seulement une application fictive.

Pendant le cours de la législation romaine, trois systèmes
différents de procédure se sont succédé : 1° le système des
actions de la loi *(legis actiones)*, qui a duré jusqu'au second siècle avant J.-C. ; 2° le système des formules *(for-
mulæ)*, qui a duré jusqu'au troisième siècle après J.-C. ;
3° le système des actions extraordinaires *(judicia extraor-
dinaria)*, qui dure encore sous Justinien (2). — Sous le
deuxième de ces systèmes, on distingue parfaitement la
mission du magistrat *(magistratus)* et celle du juge *(judex)*
ou arbitre *(arbiter)*. Le magistrat déclare le droit *(jus
dicit)*, et ne termine la contestation que rarement, dans
les cas seulement où la déclaration du droit suffit pour la
terminer. Le juge est un simple citoyen et n'a d'autre pouvoir que celui qui, pour chaque affaire, lui est donné par le
magistrat ; le magistrat lui donne ce pouvoir en délivrant
aux parties une formule *(formula)*, par laquelle il institue
tel citoyen juge, et le charge d'entendre les allégations des
parties, d'examiner leurs prétentions, et de terminer le procès par une sentence *(sententia)* ; mais, de plus, dans trois
cas particuliers, le juge a le pouvoir, non-seulement de condamner ou d'absoudre le défendeur, mais encore d'attribuer
aux plaideurs, de leur adjuger *(adjudicare)*, suivant qu'il
le trouve convenable, la propriété de tout ou partie des
choses dont il s'agit dans le procès (3). C'est dans ce système que l'adjudication contraste bien avec la cession juridique : la cession juridique a lieu devant le magistrat *(in*

---

(1) ULPIEN, Règles, titre 19, § 2.
(2) Voyez M. ORTOLAN, Généralisation du droit romain, n° 83.
(3) Voyez M. ORTOLAN, Généralisation du droit romain, n°ˢ 84 et 93.

jure); l'adjudication, devant le juge *(in judicio);* — dans la cession juridique, le magistrat attribue la propriété en disant le droit *(addicit);* dans l'adjudication, le juge attribue la propriété en jugeant *(adjudicat)* (1).

L'adjudication ne peut être employée que dans trois cas : « *Adjudicatione dominia nanciscimur per formulam*
Nous acquérons la propriété par adjudication au moyen de la
familiæ erciscundæ, quæ locum habet inter coheredes, et per
formule du partage d'hérédité, qui a lieu entre cohéritiers, et au moyen
formulam communi dividundo, cui locus est inter
de la formule du partage d'une chose commune, qui a lieu entre coproprié-
socios, et per formulam finium regundorum, quæ est
taires, et au moyen de la formule du règlement de limites, qui a lieu
inter vicinos : nam si judex uni ex heredibus aut sociis aut
entre voisins ;   car si le juge a adjugé une chose à l'un des héritiers
vicinis rem aliquam adjudicaverit, statim illi adquiritur,
ou des copropriétaires ou des voisins, aussitôt elle lui est acquise,
sive mancipi, sive nec mancipi sit (2). » (3)
qu'elle soit ou de mancipation ou de non-mancipation.

Ce mode d'acquisition existait déjà dans l'ancien droit romain : un texte nous dit, en effet, en parlant de l'action en partage d'hérédité : « *Hæc actio proficiscitur a Lege duo-*
Cette action provient de la loi des
decim Tabularum. Namque coheredibus volentibus a com-
Douze Tables.   Car pour les cohéritiers voulant sortir de l'in-
munione discedere, necessarium videbatur aliquam ac-
division, · il paraissait nécessaire que quelque action fût constituée,
tionem constitui, qua inter eos res hereditariæ distri-
par laquelle les choses héréditaires fussent distribuées

---

(1) Voyez M. Ortolan, Explication des Instituts de Justinien, tome I, page 345; et M. Pellat, Principes du droit romain sur la propriété et sur l'usufruit, n° 19.

(2) Ulpian, Règles, titre 19, § 16.

(3) Voyez M. Ortolan, Explication des Instituts de Justinien, tome I, pages 335, 336 et 345 ; et M. Pellat, Principes du droit romain sur la propriété et sur l'usufruit, n° 19.

buerentur (1). » On ignore seulement sous quel nom il était entre eux.

désigné à cette époque (2). Tout en subissant l'influence des modifications successivement introduites dans la procédure romaine, ce mode s'est maintenu jusque sous la législation de Justinien (3).

46. Établissement des servitudes par l'adjudication.

Comme la cession juridique, l'adjudication, quand on se trouve dans un des cas que nous avons fait connaître, peut être employée pour l'établissement de toutes les servitudes, soit personnelles, soit réelles : deux textes nous le disent, pour l'usufruit, du moins dans les deux actions en partage d'hérédité et en partage d'une chose commune :

« *Constituitur..... ususfructus, et in judicio familiæ*
L'usufruit est..... constitué, et dans l'action en partage d'hérédité, et

erciscundæ, et communi dividundo, si judex alii proprie-
(dans celle) en partage d'une chose commune, si le juge a adjugé

tatem adjudicaverit, alii usumfructum (4). » « ..... *Item*
à l'un la propriété, à l'autre l'usufruit. De

potest constitui et fa(miliæ) e(rciscundæ) vel communi
même il peut aussi être constitué par l'action légitime du partage d'hérédité

dividundo judicio legitimo..... (5). » (6) et, quant aux
ou du partage d'une chose commune.....

servitudes réelles en particulier, aussi bien pour l'établissement des servitudes de fonds ruraux que pour celui des servitudes de fonds urbains : « *Sed etiam cum adjudicat,*
Mais même lorsqu'il adjuge,

---

(1) Digeste, livre 10, titre 2, fragment 1, principium.

(2) Voyez M. Ortolan, Explication des Instituts de Justinien, tome I, page 336.

(3) Voyez M. Pellat, Principes du droit romain sur la propriété et sur l'usufruit, n° 53.

(4) Digeste, livre 7, titre 1, fragment 6, § 1.

(5) Fragments de droit romain, dits du Vatican, § 47.

(6) Voyez M. Ortolan, Explication des Instituts de Justinien, tome I, page 425 ; et M. Pellat, Principes du droit romain sur la propriété et sur l'usufruit, n° 58.

poterit imponere aliquam servitutem, ut alium alii servum
(le juge) pourra imposer quelque servitude, de manière à rendre l'un des
faciat ex iis quos adjudicat. Sed si pure alii adjudica-
(fonds) qu'il adjuge assujetti à l'autre. Mais s'il a simplement adjugé un
verit fundum, alium adjudicando amplius servitutem im-
fonds à l'un, en adjugeant l'autre, il ne pourra en outre lui
ponere non poterit (1). » « *Neratius scribit arbitrum, si*
imposer une servitude.   Nératius écrit que, si un arbitre
regionibus fundum non vectigalem divisum duobus adjudi-
adjugeait par lots à deux personnes un fonds non-tributaire
caverit, posse quasi in duobus fundis servitutem impo-
divisé, il peut imposer une servitude comme sur deux
nere (2). » (3)
fonds.

De même, enfin, que la cession juridique, l'adjudication
établit parfaitement les servitudes comme droits réels (4).

§ 4. — LE TESTAMENT.

47. Nature et formes des testaments.

« *Testamentum est voluntatis nostræ justa sententia, de*
Le testament est l'ordre légal de notre volonté, sur
eo quod quis post mortem suam fieri vult (5). » « *Testamen-*
ce qu'on veut qui soit fait après sa mort.   Le testa-
tum est mentis nostræ justa contestatio, in id solemniter
ment est l'attestation légale de notre pensée, faite solennellement
facta ut post mortem nostram valeat (6). » C'est sans doute
afin qu'elle soit valable après notre mort.

dans cette seconde définition qu'a été puisée cette étymo-

---

(1) Digeste, livre 10, titre 2, fragment 22, § 3.
(2) Digeste, livre 10, titre 3, fragment 7, § 1.
(3) Voyez M. ORTOLAN, Explication des Instituts de Justinien, tome I, page 424.
(4) Voyez M. ORTOLAN, Explication des Instituts de Justinien, tome I, page 425.
(5) Digeste, livre 28, titre 1, fragment 1.
(6) ULPIEN, Règles, titre 20, § 1.

logie du mot *testamentum : « Testamentum ex ea appel-*
Le testament tire son nom de

latur, quod testatio mentis est (1). » (2)
ce que c'est *testatio mentis* (l'attestation de la pensée).

« Testamentorum autem genera initio duo fuerunt. Nam
Or, il y eut au commencement deux genres de testaments. Car ou

aut calatis comitiis faciebant, quæ comitia bis
on les faisait dans les comices convoqués, lesquels comices deux fois

in anno testamentis faciendis destinata erant, aut
dans l'année étaient destinés à faire les testaments, ou in

in procinctu, id est, cum belli causa
procinctu (devant l'armée), c'est-à-dire, lorsque, à cause de la guerre,

ad pugnam ibant ; procinctus est enim expeditus et arma-
on allait au combat; car *procinctus*, c'est l'armée équipée et

tus exercitus. Alterum itaque in pace et in otio faciebant,
sous les armes. Ainsi on faisait l'un dans la paix et dans le repos,

alterum in prælium exituri (3). » « Accessit deinde
l'autre lorsqu'on devait partir pour le combat. Arriva ensuite

tertium genus testamenti, quod per æs et libram agitur.
un troisième genre de testament, qui se fait par l'airain et la balance.

Qui neque calatis comitiis, neque in procinctu testamentum
Celui qui n'avait fait son testament ni dans les comices convoqués, ni devant

fecerat, is, si subita morte urgebatur, amico fa-
l'armée, celui-là, s'il s'était menacé d'une morte subite, donnait en

miliam suam, id est, patrimonium suum mancipio dabat,
mancipation à un ami sa *familia*, c'est-à-dire son patrimoine,

eumque rogabat, quid cuique post mortem dari vellet.
et lui indiquait ce qu'il voudrait qu'on donnât à chacun après sa mort.

Quod testamentum dicitur per æs et libram, scilicet quia
Et ce testament est dit par l'airain et la balance, à savoir parce

per mancipationem peragitur (4). » « Sed illa quidem
qu'il s'accomplit au moyen de la mancipation. Mais les deux pre-

---

(1) Institutions de Justinien, livre 2, titre 20, principium.

(2) Voyez M. Ortolan, Explication des Instituts de Justinien, tome I, page 522.

(3) Gaïus, Institutions, Commentaire 2, § 101.

(4) Gaïus, Institutions, Commentaire 2, § 102.

6.

duo genera testamentorum in desuetudinem abierunt; hoc
miers genres de testaments   s'en allèrent en désuétude;   et

vero solum, quod per æs et libram fit, in usu retentum est.
celui-là seul qui se fait par l'airain et la balance fut maintenu en usage.

Sane   nunc   aliter   ordinatur,   atque   olim
Toutefois maintenant il est réglé autrement   que ce n'était autrefois la

solebat : namque olim   familiæ   emptor, id   est,
coutume : car   autrefois l'acheteur du patrimoine, c'est-à-dire

qui a testatore familiam accipiebat mancipio, heredis
celui qui recevait du testateur le patrimoine en mancipation, tenait la

locum obtinebat, et ob   id ei   mandabat testator,
place d'un héritier, et, à cause de cela, le testateur lui commandait ce

quid cuique post mortem suam dari vellet ; nunc   vero
qu'il voudrait qu'on donnât à chacun après sa mort; mais maintenant

alius heres testamento instituitur, a quo etiam legata
l'un est institué héritier par le testament, et les legs sont aussi laissés

relinquuntur, alius dicis gratia, propter veteris juris
à sa charge,   un autre, pour la forme, à l'imitation de l'ancien

imitationem, familiæ emptor adhibetur (1). • « *Eaque res*
droit,   sert d'acheteur du patrimoine.   Et cette chose

ita agitur. Qui facit,   adhibitis, sicut in
se fait ainsi : Celui qui fait (le testament), étant appelés, comme dans

cæteris mancipationibus, V testibus civibus Romanis pu-
les   autres   mancipations, cinq témoins citoyens romains

beribus et   libripende, postquam tabulas testamenti
pubères et un porte-balance, après qu'il a écrit les tables du

scripserit, mancipat alicui dicis gratia familiam suam.
testament,   mancipe à quelqu'un, pour la forme, son   patrimoine.

In qua   re his verbis familiæ emptor utitur :
Et, dans cette affaire, l'acheteur du patrimoine se sert de ces paroles :

FAM(ILI)A PECUNIAQUE TUA ENDO MANDATELA(M) TUTELAM
QUE TON PATRIMOINE ET TON ARGENT, VENANT SOUS MA SURVEILLANCE, MA

---

(1) Gaïus, Institutions, Commentaire 2, § 103.

CUSTODELA(M)QUE MEA(M) (1), QUO TU JURE TESTAMENTUM
TUTELLE ET MA GARDE,   AFIN QUE TU PUISSES FAIRE TON TES-
FACERE POSSIS SECUNDUM LEGEM PUBLICAM,
TAMENT CONFORMÉMENT AU DROIT, SELON LA LOI PUBLIQUE, ME SOIENT ACHETÉS
HOC ÆRE, *et ut quidam adjiciunt,* ÆNEAQUE LIBRA,
PAR CET AIRAIN; et comme quelques-uns ajoutent : ET PAR CETTE
ESTO MIHI EMPTA. *Deinde ære percutit libram, idque æs*
BALANCE D'AIRAIN.   Ensuite il frappe de l'airain la balance, et il donne
dat testatori, velut pretii loco. Deinde testator
cet airain au testateur, comme en place du prix. Ensuite le testateur,
tabulas testamenti tenens, ita dicit : HÆC ITA, UT IN HIS
tenant les tables du testament, parle ainsi : Ces choses, comme elles
TABULIS CERISQUE SCRIPTA SUNT, ITA DO,
SONT ÉCRITES SUR CES TABLES ET SUR CETTE CIRE, AINSI JE LES DONNE,
ITA LEGO, ITA TESTOR, ITAQUE VOS, QUIRITES,
AINSI JE LES LÈGUE, AINSI JE LES CERTIFIE, VOUS DONC, QUIRITES,
TESTIMONIUM MIHI PERHIBETOTE. *Et hoc dicitur nuncupatio :*
RENDEZ-MOI TÉMOIGNAGE.   Et cela s'appelle la nuncupation :
nuncupare est enim palam nominare ; et sane, quæ
car *nuncupare* c'est nommer ouvertement ; et en effet, les choses que
testator specialiter in tabulis testamenti scripserit, ea
le testateur a écrites en détail dans les tables du testament, il
videtur generali sermone nominare atque confirmare (2). » (3)
est censé les nommer et les confirmer par des paroles générales.

Ainsi s'exprimait Gaïus, au second siècle après J.-C.

Quatre siècles plus tard, nous ne retrouvons plus tous ces derniers détails dans les Institutions de Justinien ; nous y lisons seulement ces mots : « ... *Sed illa quidem priora*
        ... Mais ces deux premiers

---

(1) Restitution de LACHMANN, suivie par M. PELLAT, Instilutes de Gaïus traduites commenǘées.

(2) Gaïus, Institutions, commentaire 2, § 104.

(3) Voyez encore : ULPIEN, Règles, titre 20, § 2 et 9 ; Institutions de Justinien livre 2, titre 10, § 1 : et M. ORTOLAN, Explications des Instituts de Justinien, tome I, pages 522-525.

duo genera testamentorum ex veteribus temporibus in
genres de testaments, dès les temps anciens, s'en
desuetudinem abierunt; quod vero per æs et libram
allèrent en désuétude; et, celui qui se faisait par l'airain et la
fiebat, licet diutius permansit, attamen partim
balance, quoiqu'il ait duré plus longtemps, cependant a cessé aussi
et hoc in usu esse desiit (1). » Puis, le texte ajoute :
en partie d'être en usage.

« *Sed prædicta quidem nomina testamentorum ad jus*
Mais les susdites dénominations de testaments se rapportaient
civile referabantur. Postea vero ex edicto prætoris forma
au droit civil. Ensuite, par l'édit du préteur, une autre forme
alia faciendorum testamentorum introducta est. Jure enim
pour faire les testaments fut introduite. Car, par le droit
honorario nulla mancipatio desiderebatur, sed septem
honoraire, aucune mancipation n'était exigée; mais les cachets de sept
testium signa sufficiebant, cum jure civili
témoins suffisaient, tandis que, d'après le droit civil, les
signa testium non erant necessaria (2). » « *Sed cum*
cachets des témoins n'étaient pas nécessaires. Mais, comme
paulatim, tam ex usu hominum, quam ex constitutionum
peu à peu, tant par l'usage des hommes, que par les réformes des consti-
emendationibus, cœpit in unam consonantiam jus civile
tutions, le droit civil et le droit prétorien commencèrent à se
et prætorium jungi, constitutum est ut uno eodemque
réunir en une seule concordance, il a été établi que, dans un seul et même
tempore (quod jus civile quodammodo exigebat) septem
temps (ce que le droit civil exigeait en quelque sorte), étant
testibus adhibitis, et subscriptione testium (quod ex
appelés sept témoins, et avec la signature des témoins (ce qui a été
constitutionibus inventum est), et (ex edicto
imaginé par les constitutions), les cachets seraient encore (d'après l'édit du
prætoris) signacula testamentis imponerentur: ut hoc jus
préteur) apposés aux testaments: de manière

---

(1) Institutions de Justinien, livre 2, titre 10, § 1.
(2) Institutions de Justinien, livre 2, titre 10, § 2.

tripertitum esse videatur, ut testes quidem
à ce que ce droit paraisse être tripartit, puisque d'un côté les témoins
et eorum præsentia uno contextu, testamenti celebrandi
et leur présence en un seul contexte, pour la célébration
gratia, a jure civili descendant, subscriptiones autem
du testament, descendent du droit civil; que, d'un autre côté, les signa-
testatoris et testium ex sacrarum constitutionum obser-
tures du testateur et des témoins sont employées d'après l'obser-
vatione adhibeantur, signacula autem et testium numerus
vation des constitutions sacrées, et que les cachets et le nombre des témoins
ex edicto prætoris (1). » De plus, nous trouvons,
le sont d'après l'édit du préteur.

dans le Code de Justinien, des innovations apportées par
les constitutions impériales dans quelques cas particuliers : « *Hac consultissima lege sancimus, licere per*
Par cette loi bien délibérée, nous ordonnons qu'il soit
scripturam conficientibus testamentum, si nullum scire
permis à ceux qui font leur testament par écrit, s'ils veulent que
volunt ea, quæ in eo scripta sunt, consignatam, vel
nul ne sache ce qui y est écrit, de présenter un écrit cacheté,
ligatam, vel tantum clausam involutamque proferre
ou   lié,   ou   seulement   clos   et
scripturam, vel ipsius testatoris, vel cujuslibet alterius
enroulé,   tracé de la main du testateur lui-même ou d'un
manu conscriptam, eamque regalis testibus septem numero,
autre quelconque,   et de l'offrir aux témoins convoqués
civibus romanis puberibus, omnibus simul offerre signan-
au nombre de sept, citoyens romains pubères, à tous ensemble,
dam et subscribendam, dum tamen testibus præsentibus
à cacheter et à signer, pourvu que cependant le testateur ait dit aux
testator suum esse testamentum dixerit, quod offertur,
témoins présents que ce qui leur est offert est son testament,
eique ipse coram testibus sua manu in reliqua parte
et que lui-même, devant les témoins, l'ait signé de sa main dans la partie

---

testamenti subscripserit ; quâ facto, et testibus uno
qui   reste;   et que, cela fait, et les témoins,
eodemque die ac tempore subscribentibus et consignantibus,
dans un seul et même jour et moment, signant et cachetant ensemble,
testamentum valere, nec ideo infirmari, quod testes
le testament soit valable, et ne soit pas infirmé. parce que les
nesciant, quæ in eo scripta sunt testamento (1). »
témoins ne savent pas ce qui est écrit dans ce testament.

« *Quod si litteras testator ignoret, vel subscribere*
Que si le testateur ignore les lettres, ou ne peut pas
nequeat, octavo subscriptore pro eo adhibito eadem
signer, nous avons décrété que, un huitième signataire étant appelé pour
servari   decernimus (2). »
lui, les mêmes dispositions soient observées.

Nous lisons, enfin, dans les Institutions de Justinien :
« *Sed his omnibus a nostra constitutione* (3), *propter tes-*
Mais à tout cela, par notre constitution, pour la sincérité des tes-
tamentorum sinceritatem, ut nulla fraus adhibeatur, hoc
taments, afin que nulle fraude ne soit employée, ceci
additum est : ut per manum testatoris vel testium nomen
a été ajouté : que le nom de l'héritier soit écrit de la main du testateur
heredis exprimatur, et omnia secundum illius constitutio-
ou des témoins, et que tout se fasse selon la teneur
nis tenorem procedant (4). » Cette dernière formalité, intro-
de cette constitution.

duite par Justinien, a, plus tard, cessé d'être exigée, d'après
une autre constitution de Justinien lui-même (5). — « *Sed*
Mais
hæc quidem de testamentis quæ in scriptis conficiuntur. Si
cela est pour les testaments qui sont faits par écrit. Mais

---

(1) Code de Justinien, livre 6, titre 23, constitution 21, principium.
(2) Code de Justinien, livre 6, titre 23, constitution 21, § 1.
(3) Voyez Code de Justinien, livre 6, titre 23, constitution 29.
(4) Institutions de Justinien, livre 2, titre 10, § 4.
(5) Voyez Novelle 119, chapitre 9.

quis autem sine scriptis voluerit ordinare jure civili testa-
si quelqu'un voulait, sans écrit, ordonner son testament d'après le droit

mentum, septem testibus adhibitis et sua voluntate coram
civil, sept témoins étant appelés et sa volonté étant

eis nuncupata, sciat hoc perfectissimum testamentum jure
proclamée devant eux, qu'il sache que ce testament est parfait d'après le

civili firmumque constitutum (1). »
droit civil, et solidement constitué.

Telles étaient les différentes formes successivement employées, en droit romain, pour la confection des testaments.
Mais, dans quelques cas particuliers, ces formes n'étaient
pas exigées. Ainsi : 1°, « *Supra dicta diligens observatio, in*
L'observation exacte susdite des formes

ordinandis testamentis, militibus,.... constitutionibus prin-
des testaments a été remise aux militaires par les constitutions

cipalibus remissa est ; nam, quamvis ii neque legitimum
des princes ;   en effet, quoique ceux-ci n'aient pas

numerum testium adhibuerint, neque aliam testamentorum
appelé le nombre légal de témoins, et n'aient pas observé quelque

solemnitatem observaverint, recte nihilominus testantur,
autre solennité des testaments, néanmoins ils testent régulièrement,

videlicet, cum in expeditionibus occupati sunt..... Quoquo
à savoir, lorsqu'ils sont occupés dans les expéditions..... Car, de

enim modo voluntas ejus suprema inveniatur, sive scripta,
quelque manière que sa suprême volonté soit trouvée (exprimée), ou écrite,

sive sine scriptura, valet testamentum ex voluntate ejus. Illis
ou sans écrit, le testament vaut d'après sa volonté. Mais

autem temporibus per quæ, citra expeditionum necessitatem,
dans ces intervalles pendant lesquels, sans nécessité d'expéditions,

in aliis locis vel in suis ædibus degunt, minime ad vindi-
ils demeurent dans d'autres lieux ou dans leurs maisons, ils ne sont pas du

candum tale privilegium adjuvantur..... (2). » — 2°, « *Non*
tout favorisés pour revendiquer un tel privilège.....   Il n'y

---

(1) Institutions de Justinien, livre 2, titre 10, § 14.
(2) Institutions de Justinien, livre 2, titre 11, principium.

dubium est, quin debeant ratæ voluntates esse eorum, qui
a pas de doute, qu'elles doivent être ratifiées, les volontés de ceux qui,
in hosticolo suprema judicia sua quoquo modo ordinassent,
chez l'ennemi, auraient ordonné de quelque manière leurs dernières vo-
ibidemque diem suum obiissent ; quamquam enim distet
lontés, et là même auraient fini leurs jours ; car quoique la condition
conditio militum ab his personis, quas constitutiones prin-
des militaires soit éloignée de ces personnes, que les constitutions des
cipales separent : tamen qui in procinctu versantur, cum
princes mettent à part, cependant ceux qui demeurent à l'armée, puisqu'ils
eadem pericula experiantur jura quoque eadem merito
sont exposés aux mêmes périls, revendiquent aussi avec raison les mêmes
sibi vindicant. Omnes igitur omnino, qui ejus sunt con-
droits pour eux. Tous ceux donc, absolument, qui sont de telle condition
ditionis, ut jure militari testari non possint, si in hosticolo
qu'ils ne puissent pas tester par droit militaire, s'ils sont surpris
deprehendantur, et illic decedant, quomodo velint, et quo-
chez l'ennemi, et qu'ils y décèdent, testeront comme ils voudront et
modo possint, testabuntur : sive præses quis sit provinciæ,
comme ils pourront, que ce soit un président de province,
sive legatus, sive quis alius, qui jure militari testari non
ou un lieutenant, ou quelqu'autre qui ne peut pas tester par droit
potest (1). » — 3°, « Item navarchos et trierarchos clas-
militaire. De même, que les capitaines de navires et les
sium jure militari posse testari, nulla dubi-
capitaines de galères des flottes puissent tester par droit militaire, il n'y a
tatio est. In classibus omnes remiges, (et) nautæ milites
aucun doute. Dans les flottes, tous les rameurs et les matelots sont
sunt... (2) » — 4°, « Casus majoris ac novi contingentis ra-
soldats.... Quoique, en raison d'une maladie grave et nouvelle
tione adversus timorem contagionis, quæ testes deterret,
qui arrive, en présence de la crainte de la contagion, qui effraie les témoins,
licet aliquid de jure laxatum est, non tamen prorsus
quelque chose du droit ait été relâché, cependant le reste de la

---

(1) Digeste, livre 37, titre 13, fragment 1, principium.
(2) Digeste, livre 37, titre 13, fragment 1, § 1.

reliqua testamentorum solemnitas perempta est. Testes
solennité des testaments n'a pas été entièrement aboli.   , Car il a

enim hujusmodi morbo oppressos eo tempore jungi
été remis que les témoins accablés par une maladie de cette sorte

atque sociari remissum est, non etiam conve-
fussent à ce moment réunis et mis en présence, et l'observation du

niendi numeri eorum observatio sublata est (1). » —
nombre à en rassembler n'a pas de même été supprimée.

5°, «.... *In illis vera locis, in quibus raro inveniuntur*
... Mais dans ces lieux, où rarement on trouve des hommes

homines litterati, per præsentem legem rusticanis conce-
lettrés, par la présente loi nous concédons aux campagnards que leur

dimus antiquam eorum consuetudinem legis vicem obti-
antique coutume tienne lieu de loi, de

nere, ita tamen ut, ubi scientes litteras inven-
manière cependant que, là où seront trouvés, sachant lire, les sept

ti fuerint, septem testes, quos ad testimonium convocari ne-
témoins qu'il est nécessaire de convoquer pour

cesse est, adhibeantur, et unusquisque pro sua persona sub-
un testament, on les appelle, et que chacun signe pour

scribat. Ubi autem non inveniuntur litterati, septem testes
soi.   Mais là où ne se trouvent pas de gens sachant lire, que sept té-

etiam sine scriptura testimonium adhibentes admitti. Sin
moins apportant leur témoignage même sans écrit soient admis.   Mais

autem in illo loco minime inventi fuerint septem testes, us-
si dans ce lieu ne se trouvent pas du tout sept témoins, nous ordonnons

que ad quinque modis omnibus testes adhiberi jubemus;
que jusqu'à cinq, on admette les témoins de toute sorte;

minus autem nullo modo concedimus. Si vero unus
mais moins, nous ne le concédons en aucune manière. Et si un ou deux

aut duo vel plures fuerint litterati, liceat eis pro igno-
ou plusieurs savaient lire, qu'il leur soit permis, pour ceux qui ne savent

rantibus litteras, præsentibus tamen, subscriptionem
pas lire, et qui toutefois sont présents, d'apposer leur signature,

---

(1) Code de Justinien, livre 6, titre 23, constitution 8.

suam interponere, sic tamen, ut ipsi testes cognoscant
de sorte cependant que, témoins eux-mêmes, ils connaissent la volonté du
testatoris voluntatem, et maxime quem vel quos heredes
testateur, et surtout qui il veut laisser pour son ou ses
sibi relinquere voluerit, et hoc post mortem testatoris
héritiers, et qu'après la mort du testateur, ayant
jurati deponant. Quod igitur quisque rusticorum sic,
juré, ils en déposent. Donc ce que chaque campagnard, comme il a été
ut prædictum est, pro suis rebus disposuerit, hoc omni-
dit ci-dessus, aura ainsi ordonné pour ses biens, que cela,
modo, legum subtilitate remissa, firmum validumque con-
de toute manière, et en rejetant la subtilité des lois, demeure ferme et
sistat (1) » (2).
valide.

48. Diverses dispositions que peuvent contenir les testaments.

Le testament, dont nous venons d'étudier avec quelque
détail les différentes formes, est, avons-nous dit (n° 47) :
« ... *voluntatis nostræ justa sententia, de eo quod quis post*
.... l'ordre légal de notre volonté, sur ce qu'on veut
mortem suam fieri vult (3). » Mais, cet ordre, cette vo-
qui soit fait après sa mort.
lonté peut porter sur les différents points suivants :

Qui remplacera, dans la cité, le testateur, et continuera sa
personne juridique?

A qui appartiendront tous ses biens, en général; telle
quote-part de ses biens; tel ou tel bien, en particulier?

Si, parmi ses biens, se trouvent des esclaves, appartien-
dront-ils à quelqu'un, ou seront-ils affranchis?

---

(1) Code de Justinien, livre 6, titre 23, constitution 31.

(2) Voyez M. Ortolan, Explication des Instituts de Justinien, tome I, pages 543 et 544.

(3) Digeste, livre 28, titre 1, fragment 1.

A qui sera confiée la tutelle des personnes libres dont il était le chef, qui, par sa mort, vont devenir indépendantes (*sui juris*), mais auxquelles la loi ne reconnaît pas la capacité suffisante pour exercer elles - mêmes leurs droits (1)?

L'ancienne législation exprimait toutes ces manifestations de volonté par le mot *legare* (faire une loi)(2); c'était en effet une véritable loi que faisait alors le citoyen romain, soit lorsqu'il testait dans les comices couvoqués (*calatis comitiis*), soit lorsqu'il testait devant l'armée (*in procinctu*) (3).

19. Institution d'héritier.

De toutes ces questions, la plus importante de beaucoup, c'était la première : Qui remplacera, dans la cité, le testateur, et continuera sa personne juridique? La désignation de celui ou de ceux que le testateur choisit pour cela, est ce qu'on nomme l'institution d'héritiers.

« ..... *Testamenta vim ex institutione heredis accipiunt,*
Les testaments reçoivent leur force de l'institution d'héritier,
et ob id velut caput et fundamentum intelligitur totius
et, à cause de cela, l'institution d'héritier est considérée comme la tête et le
testamenti heredis institutio (4). » Dès qu'elle existe, il y
fondement de tout le testament.
testament, et toutes les autres dispositions peuvent y être valablement ajoutées. Si elle n'existe pas, ou si, par une cause quelconque, elle n'arrive pas à effet, les autres dispositions son nulles. Il fallait même, dans le droit rigoureux, que ces dispositions ne fussent insérées matériellement

---

(1) Voyez M. Ortolan, Explication des Instituts de Justinien, tome 1, page 566.

(2) Voyez Loi des Douze-Tables, table 5, § 1.

(3) Voyez M. Ortolan, Explication des Instituts de Justinien, tome I, pages 565, 566 et 523.

(4) Gaius, Institutions, commentaire 2, § 229. Voyez encore Institutions de Justinien, livre 2, titre 20, § 34.

qu'après l'institution d'héritier, qui était bien ainsi
« ..... *caput... testamenti* (1). » — Peu à peu le mot *legare*
la tête.... du testament.

ne s'appliqua plus, dans l'usage, à l'institution d'héritier :
il resta consacré exclusivement à désigner ce qu'on a toujours depuis continué à appeler *legatum*, le legs (2). —
Nous n'avons pas à nous occuper davantage de l'institution
d'héritier, car l'hérédité est un des modes d'acquérir des
universalités (3), et non des objets particuliers, et conséquemment, les servitudes réelles, peuvent bien, lorsqu'elles
existent déjà, être transmises par ce moyen avec tout l'ensemble du patrimoine dont elles font partie, mais elles ne
peuvent être ainsi établies comme droit nouveau.

Il est évident que nous n'avons rien à dire des affranchis-
sements, ni des tutelles, autres dispositions qui peuvent se
trouver aussi dans un testament. — Il nous reste à parler
des legs.

30. Legs.

« *Legatum est delibatio hereditatis, qua testator ex eo,*
Le legs est une diminution de l'hérédité, par laquelle le testateur

quod universum heredis foret, alicui quid collatum
veut que, de ce qui aurait appartenu tout entier à l'héritier, quelque chose

velit (4). »
soit conféré à quelqu'un.

Les deux définitions suivantes paraissent supposer qu'il
n'y a qu'un droit de propriété qui puisse faire l'objet
d'un legs : « *Legatum est donatio testamento relicta* (5). »
Le legs est une donation laissée par testament.

---

(1) Voyez M. Ortolan, Explication des Instituts de Justinien, tome I, page 566.

(2) Voyez M. Ortolan, Explication des Instituts de Justinien, tome I, pages 566 et 639.

(3) Voyez: Institutions de Justinien, livre 2, titre 9, § 6; et M. Ortolan, Explication des Instituts de Justinien, tome I, pages 501 et 518.

(4) Digeste, livre 30, titre 1, fragment 116.

(5) Digeste, livre 30, titre 1, fragment 36.

« Legatum..... est donatio quædam a defuncto relicta (1). »
Le legs.....   est une certaine donation laissée par un défunt.

Le mot *donatio,* en effet, est composé des deux mots *dono
datio* (dation en don) : pour qu'il y ait legs, il faut toujours que la disposition soit faite à titre de don, de libéra-
lité, *dono;* mais le mot *datio* est inexact; car il signifie, proprement, translation de propriété, tandis qu'ici il est employé dans un sens plus large, et signifie la translation
d'un droit réel quelconque, et même d'un droit personnel,
d'une créance (2).

Après avoir institué son héritier, le testateur, de qui cet
héritier tient tous ses droits, peut lui donner des ordres,
des commandements, des lois (*legem dicere, legare*); de là
le mot *legatum* (legs) (3) : « *Legatum   est   quod   legis*
                         Le legs est ce qui est laissé par testa-
modo, id est, imperative, testamento relinquitur.... (4) »
ment,   à la manière de la loi, c'est-à-dire impérativement.

Aussi le legs est-il compris, avec quelques autres modes
moins importants d'acquisition, sous ce mot « *lege* » (par
la loi), dans le texte que nous avons déjà cité : « *Singularum*
                                              La propriété
rerum dominia nobis adquiruntur..... lege (5). »
des choses particulières nous est acquise..... par la loi.

51. Diverses espèces de legs.

« Legatorum..... genera (sunt) quatuor : aut enim per
   Il y a.....   quatre genres de legs : ou, en effet, nous

---

(1) Institutions de Justinien, livre 2, titre 20, § 1.
(2) Voyez M. Ortolan, Explication des Instituts de Justinien, tome I, page 640.
(3) Voyez M. Ortolan, Explication des Instituts de Justinien, tome I, page 639
et 640.
(4) Ulpien, Règles, titre 29, § 1.
(5) Ulpien, Règles, titre 19, § 2.

vindicationem legamus, aut per damnationem, aut sinendi
léguons par revendication, ou par condamnation, ou par manière
modo, aut per præceptionem (1). »
de permission, ou par précipul.

1° « *Per vindicationem (hoc modo legamus :* Lucio
Par revendication, nous léguons de cette manière : JE DONNE,
Titio), *verbi gratia,* HOMINEM STICHUM DO, LEGO; *sed (et) si*
JE LÉGUE A LUCIUS TITIUS, par exemple, L'ESCLAVE STICHUS; mais même si
(alterutrum) verbum positum sit, velut : (HOMINEM STICHUM
l'un ou l'autre mot a été employé, comme : JE DONNE OU JE LÈGUE
DO, *vel* LEGO, *per vin)dicationem legatum est : si ve(ro etiam*
L'ESCLAVE STICHUS, le legs est par revendication : et même si, par
aliis verbis, velut) ita legatum fuerit : (SUMITO, *vel*
d'autres mots, le legs était fait, par exemple, ainsi : QU'IL PRENNE (SUMITO),
ita : SIBI HABETO, *vel) ita :* CAPITO, *æque per vin-*
ou ainsi : QU'IL AIT A LUI, ou ainsi : QU'IL PRENNE (CAPITO), le legs est éga-
dicationem (legatum est) (2). » « *(Ideo au)tem per vindica-*
lement par revendication. Or le legs est appelé par reven-
tionem legatum appe(llatur), quia post aditam hereditatem
dication parce que, après l'adition d'hérédité,
statim ex jure Quiritium res legatarii fit; et
aussitôt la chose devient chose du légataire d'après le droit des Quirites; et
si eam rem legatarius vel ab herede, vel ab alio quocumque
si le légataire réclame cette chose ou de l'héritier ou d'un autre quelconque
qui eam possidet, petat, vindicare debet, id est, intendere
qui la possède, il doit revendiquer, c'est-à-dire prétendre que la chose
(rem suam) ex jure Quiritium esse (3). »
est sienne d'après le droit des Quirites.

2° « *Per damnationem hoc modo legamus :* HERES MEUS
Par condamnation nous léguons de cette manière : QUE MON HÉRI-

---

(1) GAIUS, Institutions, commentaire 2, § 192. Voyez encore ULPIEN, Règles,
titre 24, § 2.

(2) GAIUS. Institutions, commentaire 2, § 193. Voyez encore : ULPIEN, Règles,
titre 24, § 3.

(3) GAIUS, Institutions, commentaire 2, § 194.

STICHUM SERVUM MEUM DARE DAMNAS ESTO; *sed et si* DATO
TIER SOIT CONDAMNÉ A DONNER STICHUS MON ESCLAVE; mais même si on

scriptum sit, per damnationem legatum est (1). » « *Per*
a écrit QU'IL DONNE, le legs est par condamnation. Par

damnationem his verbis : HERES MEUS DAMNAS
condamnation (nous léguons) par ces mots : QUE MON HÉRITIER SOIT

ESTO DARE, DATO, FACITO, HEREDEM MEUM
CONDAMNÉ A DONNER, QU'IL DONNE, QU'IL FASSE, JE COMMANDE QUE MON

DARE JUBEO (2). » « *Quod autem ita legatum est, post adi-*
HÉRITIER DONNE. Or ce qui a été ainsi légué, après

tam hereditatem, etiamsi pure legatum est, non, ut
l'adition d'hérédité, même si cela a été légué purement, n'est pas,

per vindicationem legatum, continuo legatario adquiritur,
comme le legs par revendication, immédiatement acquis au légataire,

sed nihilominus heredis est. Ideo legatarius in personam
mais néanmoins appartient à l'héritier. Aussi le légataire doit agir contre

agere debet, id est, intendere heredem sibi dare
la personne, c'est-à-dire prétendre qu'il faut que l'héritier lui

oportere : et tum heres (rem), si mancipi sit, mancipio
donne; et alors l'héritier doit, si la chose est de mancipation,

dare, aut in jure cedere, possessionemque
la donner en mancipation, ou la céder juridiquement, et en livrer

tradere debet; si nec mancipi sit, sufficit si tradi-
la possession; si elle est de non-mancipation, il suffit qu'il l'ait

derit... (3). » « *Per damnationem omnes res legari pos-*
livrée.... Par condamnation toutes choses peuvent être

sunt, etiam quæ non sunt testatoris, dummodo tales
léguées, même celles qui ne sont pas au testateur, pourvu qu'elles

sint quæ dari possint (4). » « *Quo genere legati*
soient telles qu'elles puissent être données. Par ce genre de legs

etiam aliena res legari potest, ita ut heres redimere
même la chose d'autrui peut être léguée, de manière que l'héritier doive

---

(1) Gaïus, Institutions, commentaire 2, § 201.
(2) Ulpian, Règles, titre 24, § 4
(3) Gaïus, Institutions, commentaire 2, § 201.
(4) Ulpien, Règles, titre 24, § 8

I.

et   præstare, aut æstimationem ejus dare debent (1). »
l'acheter et la fournir, ou   en   donner   l'estimation.

3° « *Sinendi   modo   ita   legamus :* HÆRES   MEUS
Par manière de permission nous léguons ainsi : QUE MON HÉRITIER
DAMNAS ESTO SINERE *Lucium Titium hominem Stichum*
SOIT CONDAMNÉ A PERMETTRE QUE LUCIUS TITIUS PRENNE   L'ESCLAVE
SUMERE SIBIQUE HABERE (2). » « *Quod genus legati plus*
STICHUS ET L'AIT A LUI.   Ce genre de legs contient
quidem habet (quam) per vindicationem legatum, minus
plus, d'un côté, que le legs par revendication,   et moins,
autem quam per damnationem. Nam eo modo non
de l'autre, que celui par condamnation.   Car de cette manière, c'est
solum suam rem testator utiliter legare potest, sed
non-seulement sa chose, que le testateur peut utilement léguer, mais
etiam heredis sui : cum   alioquin per vindicationem
même celle de son héritier : tandis que, autrement, par   revendication,
nisi suam rem legare non potest ; per damnationem autem
il ne peut léguer que sa chose, et par condamnation
cujuslibet extranei rem legare potest (3). » « *Sicut*
il peut léguer la chose de quelque étranger que ce soit :   Mais,
autem per damnationem legata res non statim post adi-
de même que la chose léguée par condamnation ne devient pas, aussitôt
tam hereditatem legatarii efficitur,   sed manet hære-
après l'addition d'hérédité, chose du légataire, mais reste à l'hé-
dis eousque donec is heres tradendo, vel mancipando,
ritier jusqu'à ce que cet héritier en livrant, ou en mancipant,
vel in jure cedendo legatarii eam fecerit, ita
ou en cédant juridiquement, l'ait faite chose du légataire, de même
et in sinendi modo legato juris est ; et   ideo
aussi en est-il, en droit, du legs par manière de permission ; et à cause de cela

---

(1) Gaïus, Institutions, commentaire 2, § 202.

(2) Gaïus, Institutions, commentaire 2, § 209 ; Voyez encore ULPIEN, Règles,
titre 24, § 5.

(3) Gaïus, Institutions, commentaire 2, § 210 ; Voyez encore ULPIEN, Règles,
titre 24, § 10.

hujus quoque legati nomine in personam actio est, QUIDQUID
pour ce legs aussi existe l'action personnelle :   Tout ce
HEREDEM EX TESTAMENTO DARE, FACERE OPORTET (1). »
QU'IL FAUT QUE L'HÉRITIER, D'APRÈS LE TESTAMENT, DONNE, FASSE.

« *Sunt tamen qui putant, ex hoc legato non videri obli-*
Il en est cependant qui pensent que par ce legs l'héritier ne paraît
gatum heredem ut mancipet, aut in jure cedat,   *aut*
pas obligé   à manciper,   ou à céder juridiquement, ou à
tradat, sed   sufficere ut legatarium rem sumere patiatur
livrer,   mais qu'il suffit qu'il souffre que le légataire prenne la chose,
quia nihil ultra ei testator imperavit quam ut sinat,
parce que le testateur ne lui a rien commandé de plus que de permettre ;
id est,   patiatur legatarium rem sibi habere (2). » Cette
c'est-à-dire de souffrir que le légataire ait la chose à lui.

dernière opinion ne prévalut pas (3) ; et, dans tous les cas,
le legs *sinendi modo* (par manière de permission) n'était,
comme on le voit, qu'une espèce particulière du legs *per
damnationem* (par condamnation) (4).

4° « *Per præreptionem hoc modo legamus :* LUCIUS TITIUS
Par préciput, nous léguons de cette manière : QUE LUCIUS TITIUS
HOMINEM STICHUM PRÆCIPITO (5). » « *Sed nostri quidem*
PRÉLÈVE L'ESCLAVE STICHUS.   Mais, quant à nos
præceptores, » (les Sabiniens) « *nulli alii eo modo legari*
maîtres,   ils pensent que, par ce moyen, on
posse putant,   nisi ei qui aliqua
ne peut léguer à aucun autre, si ce n'est à celui qui, pour quelque
ex parte heres scriptus esset : præcipere enim,
partie, aurait été inscrit comme héritier : car *præcipere* (prélever),

---

(1) Gaïus, Institutions, commentaire 2, § 213.

(2) Gaïus, Institutions, commentaire 2, § 214.

(3) Voyez M. Ortolan, Explication des Instituts de Justinien, tome 1, pages 612
et 613.

(4) Voyez M. Pellat, Principes du droit romain sur la propriété et sur l'usufruit,
n° 20.

(5) Gaïus, Institutions, commentaire 2, § 216; Voyez encore Ulpien, Règles,
titre 24, § 6.

7.

esse præcipuum sumere; quod tantum in ejus
c'est prendre *præcipuum* (le préciput); ce qui arrive seulement dans la
persona procedit qui aliqua ex parte heres institutus
personne de celui qui, pour quelque partie, a été institué
est, quod is extra portionem hereditatis, præci-
héritier, parce que celui-là, en dehors de sa portion de l'hérédité, doit
p(uum) legatum habiturus sit (1). » « Ideoque si
avoir un legs de préciput. Et, à cause de cela, si
extraneo legatum fuerit, inutile est legatum, adeo ut
on a légué à un étranger, le legs est inutile, à tel point que
Sabinus existimaverit, ne quidem ex (senatusconsulto)
Sabinus a pensé qu'il ne peut pas être validé même par le séna-
Neroniano posse convalescere », (« ... quo cautum est
tusconsulte néronien, (... par lequel il a été décidé
ut quod minus aptis verbis legatum est, perinde sit
que ce qui a été légué par des mots moins propres, soit comme
ac si optimo jure legatum esset : optimum autem jus
si cela avait été légué d'après le meilleur droit : or, le meilleur droit de
legati per damnationem est (2). ») : « nam eo, inquit,
legs est par condamnation.) ; car, dit-il, par ce
senatusconsulto ea tantum confirmantur, quæ verborum
sénatusconsulte, ces legs seulement sont confirmés, qui, par
vitio jure civili non valent, non quæ
le vice des mots, ne sont pas valables d'après le droit civil, non ceux qui,
propter ipsam personam legatarii non deberentur.
à cause de la personne même du légataire, ne seraient pas dus.
Sed Juliano et Sexto placuit, etiam hoc casu ex
Mais Julien et Sextus ont pensé que, même dans ce cas, le legs
senatusconsulto confirmari legatum; nam ex
est confirmé d'après le sénatusconsulte; car, c'est par les
verbis etiam hoc casu accidere ut jure civili
paroles, même dans ce cas, qu'il arrive que, d'après le droit civil,

---

(1) Gaius, Institutions, commentaire 2, § 217.
(2) Ulpien, Règles, titre 24, § 11 a.

inutile sit legatum, inde manifestum es(se) quod
le legs est inutile; que, par suite, il est manifeste qu'on lègue
eidem aliis verbis recte legatur, velut per vindicationem,
régulièrement au même par d'autres paroles, comme par revendication,
per damnationem, sinendi modo; tunc autem vitio
par condamnation, par manière de permission; mais que c'est par le vice
personæ legatum non valere, cum ei legatum sit cui
de la personne qu'un legs ne vaut pas, alors qu'il a été légué à celui à qui
nullo modo legari possit, velut peregrino, cum
en aucune manière il ne peut être légué, comme à un pérégrin, avec
quo testamenti factio non sit, quo plane casu senatus
lequel la faction détestament n'existe pas, auquel cas assurément il n'y a
consulto locus non est (1). » « *Item nostri præceptores,*
pas lieu au sénatusconsulte.   De même, nos maîtres pensent
quod ita legatum est, nulla ratione putant posse conse-
que celui à qui il a été ainsi légué ne peut, par aucun moyen, pour-
qui eum cui ita fuerit legatum, (præter)qu(am) judicio
suivre ce qui lui a été ainsi légué, excepté par l'action
familiæ erciscundæ, quod inter heredes de hereditate
familiæ erciscundæ (en partage d'hérédité), qui a coutume d'être prise,
erciscunda, id est, dividundu, accipi solet:
entre les héritiers, pour *erciscere*, c'est-à-dire pour partager l'hérédité ;
officio enim judicis id contineri ut, et quod per
qu'en effet, dans l'office du juge, il est compris que ce qui a été légué par
præceptionem legatum est, adjudicetur (2). » « *Unde in-*
préciput   soit   aussi   adjugé.   D'où nous
telligimus, nihil aliud secundum nostrorum præceptorum
comprenons   que rien autre,   selon l'opinion   de   nos
opinionem per præceptionem legare posse, nisi quod testa-
maîtres, ne peut être légué par préciput, que ce qui appartient au testa-
toris sit; nulla enim alia res quam hereditaria
teur ;   car nulle autre chose qu'une chose héréditaire

---

(1) Gaïus, Institutions, commentaire 2, § 218.
(2) Gaïus, Institutions, commentaire 2, § 219 ; Voyez encore l'Art., Sentences,
livre 3, titre 6, § 1.

deducitur in hac judicium. Itaque si non suam rem eo
n'est admise dans cette action. Aussi, si le testateur a légué

modo testator legaverit, jure quidem civili inutile erit
de cette manière une chose non sienne, d'après le droit civil le legs sera

legatum, sed ex senatusconsulto confirmabitur... (1) n
certainement inutile, mais il sera confirmé d'après le sénatusconsulte......

« *Sed diversæ scholæ auctores* » (les Proculéiens)» « *putant*
Mais les auteurs de l'école opposée   pensent

etiam extraneo per præceptionem legari posse, proinde ac
qu'on peut léguer par préciput, même à un étranger,   comme

si ita scribatur : TITIUS HOMINEM STICHUM CAPITO, *super,*
si on écrit ainsi : QUE TITIUS CAPITO (PRENNE) L'ESCLAVE STICHUS, la

vacuo adjecta PRÆ *syllaba* » (dans PRÆCIPITO);
syllabe PRÆ étant ajoutée inutilement;

« *ideoque per (vindicationem eam rem) legatam*
et que, à cause de cela, cette chose paraît léguée par revendi-

videri : quæ sententia dicitur divi Hadriani constitutione
cation: et on dit que cette opinion a été confirmée par une constitution

confirmata esse (2). » « *Secundum hanc igitur opinionem,*
du divin Adrien.   Ainsi,   selon   cette   opinion,

si ea res (ex) jure Quiritium defuncti fuerit, potest a
si cette chose a été au défunt, d'après le droit des Quirites, elle peut être

legatario vindicari, sive is unus ex heredibus sit,
revendiquée par le légataire, soit que celui-ci soit un des héritiers,

sive extraneus; et si in bonis tantum testatoris fuerit,
ou un étranger; et, si elle a été seulement dans les biens du testateur,

extraneo quidem ex senatusconsulto utile erit legatum,
d'un côté le legs sera utile à l'étranger d'après le sénatusconsulte,

heredi vero familiæ erciscundæ judicis officio
et de l'autre côté il sera remis à l'héritier par l'office du juge du partage de

prestabitur : quod si nullo jure fuerit testatoris, tam
l'hérédité;   que, si elle n'a été au testateur par aucun droit, il

---

(1) Gaïus, Institutions, Commentaire 2, § 220.
(2) Gaïus, Institutions, commentaire 2, § 221.

heredi quam extraneo ex senatusconsulto utile erit (1). »
sera utile tant à l'héritier qu'à l'étranger, d'après le sénatus-consulte.

Telles étaient les formes, tels étaient les effets des legs
au second siècle après J.-C. — «... *Sed ex constitutionibus*
,... Mais par les constitutions
divorum principum solemnitas hujus modi verborum peni-
des divins princes la solennité de paroles de cette espèce
tus sublata est.... (2) » Nous lisons en effet dans deux
a été entièrement supprimée...
constitutions : «.... *Et in postremis ergo judiciis ordi-*
... Et dans le règlement des dernières
nandis amota erit (solemnium) verborum necessitas :
volontés la nécessité des paroles solennelles sera donc repoussée : de ma-
ut.... *quibuscunque verbis uti liberam habeant faculta-*
nière que... on ait la libre faculté de se servir de paroles quel-
tem (3). » « *In legatis vel fideicommissis necessaria*
conques. Dans les legs ou les fidéicommis, que l'observance des
non sit verborum observantia... (4) », et une autre constitu-
paroles ne soit pas nécessaire...
tion postérieure (5) a abrogé pour tous les actes, l'emploi
de termes sacramentels (6).

Enfin, Justinien ajoute : «... *Nostra autem constitutio* (7),
... Mais notre constitution,
quam cum magna fecimus lucubratione, defunctorum vo-
que nous avons faite avec beaucoup soin, désirant que les vo-
luntates validiores esse cupientes, et non verbis sed volun-
lontés des défunts soient plus valides, et favorisant non leurs paroles
talibus eorum faventes, disposuit ut omnibus legatis una
mais leurs volontés, a disposé que la nature de tous les legs

---

(1) Gaïus, Institutions, commentaire 2, § 222.
(2) Institutions de Justinien, livre 2, titre 20 § 2.
(3) Code de Justinien, livre 6, titre 23, constitution 15.
(4) Code de Justinien, livre 6, titre 37 constitution 21.
(5) Voyez Code de Justinien, livre 2, titre 58, constitution 1.
(6) Voyez M. Ortolan, Explication des Instituts de Justinien, tome I, page 644.
(7) Voyez Code de Justinien, livre 6, titre 43, constitution 1.

— 104 —

sit natura, et quibuscunque verbis aliquid derelictum
soit une,   et que, par quelques paroles que quelque chose ait été
sit, liceat legatariis id persequi, non solum per
laissé, il soit permis aux légataires de le poursuivre, non-seulement par les
actiones personales, sed etiam per in rem, et per hypothe-
actions personnelles, mais aussi par la réelle et par l'hypothé-
cariam.... (1) » Il est bien entendu cependant que la pro-
caire....

priété ne peut être transférée par le legs que si le testateur
était propriétaire (2). Et, de plus, Justinien assimile les legs
et les fidéicommis : « *Sed non usque ad eam constitutio-*
                Mais nous n'avons pas estimé que toujours on
nem standum esse existimavimus. Cum enim antiquitatem
dût s'en tenir à cette constitution.   Comme, en effet, nous avons
invenimus legata quidem stricte concludentem, fidei-
trouvé l'antiquité, renfermant, d'un côté, étroitement les legs, accordant,
commissis autem, quæ ex voluntate magis descendebant
de l'autre, aux fidéicommis, qui découlaient davantage de la
defunctorum, pinguiorem naturam indulgentem : necessa-
volonté des défunts, une nature plus douce,   nous avons
rium esse duximus, omnia legata fideicommissis exæquare,
pensé qu'il était nécessaire d'égaler tous les legs aux fidéicommis,
ut nulla sit inter ea differentia ; sed, quod deest le-
de manière qu'aucune différence ne soit entre eux ; mais que ce qui man-
gatis, hoc repleatur ex natura fideicommissorum, et, si
que aux legs soit remplacé d'après la nature des fidéicommis, et que,
quid amplius est in legatis, per hoc crescat fidei-
si quelque chose de plus est dans les legs, par là s'augmente la nature du
commissi natura....... (3) »
fidéicommis.....

Or, « *Sciendum... est omnia fideicommissa primis tem-*
Il faut...   savoir que tous les fidéicommis dans les premiers

---

(1) Institutions de Justinien. livre 2, titre 20, § 2.

(2) Voyez M. Ortolan, Explication des Instituts de Justinien, tome I, page 644,
et M. Pellat, Principes du droit romain sur la propriété et sur l'usufruit, n° 55.

(3) Institutions de Justinien, livre 2, titre 20, § 3.

poribus infirma esse, quia nemo invitus cogebatur præstare
temps étaient sans force, parce que personne n'était contraint malgré soi

id de quo rogatus erat. Quibus enim non poterant here-
de prêter ce dont il avait été prié. Car, pour ceux à qui on ne pouvait pas

ditatem vel legata relinquere, » (nous avons à nous occuper
laisser l'hérédité ou des legs,

seulement des fidéicommis de choses particulières, et non
des fidéicommis d'hérédité) « *si relinquebant, fidei commit-*
si on les leur laissait, on les commet-

tebant eorum qui capere ex testamento poterant. Et ideo
tait à la foi de ceux qui pouvaient recevoir par testament. Et à cause

fideicommissa appellata sunt, quia nullo vinculo juris,
de cela ils ont été appelés fidéicommis, parce qu'ils ne tenaient à aucun

sed tantum pudore eorum qui rogabantur, continebantur.
lien de droit, mais seulement à l'honneur de ceux qui étaient priés.

Postea divus Augustus, semel iterumque, gratia persona-
Ensuite le divin Auguste, une fois et deux fois, ému en faveur des per-

rum motus, vel quia per ipsius salutem rogatus quis
sonnes, ou parce que c'était par son propre salut que quelqu'un avait été

diceretur, aut ob insignem quorumdam perfidiam, jussit
prié, disait-on, ou à cause de l'insigne perfidie de certains hommes, ordonna

consulibus auctoritatem suam interponere. Quod quia jus-
aux consuls d'interposer leur autorité. Et parce que cela

tum videbatur et populare erat, paulatim conversum est in
paraissait juste et était populaire, cela peu à peu fut converti en

assiduam jurisdictionem; tantusque eorum favor factus est,
juridiction permanente, et si grande devint leur faveur,

ut paulatim etiam prætor proprius crearetur, qui de fidei-
que peu à peu même un préteur spécial fut créé pour déclarer le droit sur

commissis jus diceret, quem fideicommissarium appella-
les fidéicommis, et on l'appelait fidéicommis-

bant (1). »
saire.

---

(1) Institutions de Justinien, livre 23, titre 3, § 1.

52. Établissement des servitudes par testament.

Toutes les servitudes, soit personnelles, soit réelles, peuvent être établies par testament. Voici un texte qui nous le dit pour l'usufruit : « *Ususfructus uniuscujusque rei legari* L'usufruit de chaque chose peut être *potest* (1) »; et, quant aux servitudes réelles, un titre, au légué.

Digeste, porte pour rubrique : « *De servitute legata* (2). » De la servitude léguée.

Mais ce mode d'établissement des servitudes se présente sous deux aspects bien différents. Le testateur peut, en effet, détacher la servitude de la propriété, soit pour former de la servitude l'objet du legs, en réservant la propriété, soit, à l'inverse, pour réserver la servitude elle-même, en formant de la propriété l'objet du legs (3).

1° La manière la plus ordinaire d'établir une servitude par testament est de former de la servitude même l'objet du legs. — Alors, il faut, avant Justinien, distinguer le cas où le legs a été fait par revendication, c'est-à-dire où la servitude est véritablement acquise, du cas où le legs est fait par condamnation, c'est-à-dire où la servitude est simplement due encore par l'héritier. Cette distinction se trouve bien indiquée dans la suite du texte que nous venons de citer :

« *Ususfructus uniuscujusque rei legari potest, et aut ipso* L'usufruit de chaque chose peut être légué, et ou il sera constitué par *jure constituetur, aut per heredem præstabitur : ex causa* le droit lui-même, ou il sera établi par l'héritier : d'un côté, dans le *quidem damnationis, per heredem præstabitur ; ipso autem* cas de condamnation, il sera établi par l'héritier ; d'un autre côté,

---

(1) PAUL, Sentences, livre 3, titre 6, §17.

(2) Digeste, livre 33, titre 3.

(3) Voyez M. PELLAT, Principes du droit romain sur la propriété et sur l'usu-fruit, n°s 60 et 62.

jure, [...] per [...] vindicationem (1). » (2) Quant aux
par le droit lui-même, dans le legs par revendication,
servitudes réelles, le titre « *De servitute legata* », au Digeste,
De la servitude léguée,
nous offre divers exemples de cas dans lesquels la servitude
a été établie comme droit réel ; et un autre texte nous indique aussi des cas dans lesquels la servitude n'existe pas
encore comme droit réel, mais est seulement due par l'héritier, qui pourra être contraint à l'établir : « *Potest etiam*
Quelqu'un peut
in testamento heredem suum quis damnare, ne altius ædes
aussi, dans son testament, condamner son héritier à ne pas élever plus
suas tollat, ne luminibus ædium vicinarum officiat, vel ut
haut sa maison, à ne pas nuire aux jours de la maison voisine, ou à
patiatur eum lignum in parietem immittere, vel stillicidia
souffrir qu'il (le voisin) place sa poutre dans le mur, ou qu'il ait des gout-
adversus eum habere, vel ut patiatur vicinum per fundum
tières contre lui, ou à souffrir que le voisin passe, conduise, à travers son
suum, vel heredis ire, agere, aquamve ex eo ducere (3). »
fonds ou le fonds de l'héritier, ou qu'il en tire de l'eau.
—Sous Justinien, qui veut que « ..... *omnibus legatis una*
pour tous les legs il n'y ait
sit natura..... (4) »; et que tous, sans qu'on tienne compte
qu'une seule nature....
des termes employés, transfèrent la propriété (en suppo-
sant, bien entendu, que le testateur fût propriétaire), les
legs de servitudes établissent évidemment toutes les servitudes comme droits réels (5).

2° Mais quelquefois le testateur, au lieu de léguer une
servitude réelle, léguait, au contraire, la propriété ou l'usu-

---

(1) PAUL, Sentences, livre 3, titre 6, § 17.

(2) Voyez M. ORTOLAN, Explication des Instituts de Justinien, tome I, page 425.

(3) Digeste, livre 8, titre 4, fragment 16 ; Voyez encore Institutions de Justinien,
livre 2, titre 3, § 4.

(4) Institutions de Justinien, livre 2, titre 20, § 2.

(5) Voyez M. ORTOLAN, Explication des Instituts de Justinien, tome I, page 423.

fruit d'un de ses fonds, et réservait cependant sur ce fonds une servitude réelle au profit d'un autre fonds de l'hérédité : « *Proculus putat insulam posse ita legari, ut*
Proculus pense qu'une maison peut être léguée de
et servitus imponatur, quæ alteri insulæ heredi-
manière qu'il lui soit imposé une servitude qui soit due à une autre
tariæ debeatur : hoc modo : Si ille heredi meo pro-
maison héréditaire : de cette manière : Si un tel promet à mon héritier
miserit per se non fore, quo altius ea ædificia tollantur,
qu'il n'arrivera pas par lui que ces édifices soient élevés plus haut,
tum ei eorum ædificiorum usumfructum do, lego. Vel sic :
alors je lui donne, je lui lègue l'usufruit de ces édifices ; ou ainsi :
Ædium illarum, quoad altius, quam uti nunc sunt, ædifi-
Tant que cette maison ne sera pas édifiée plus haut qu'elle n'est mainte-
*catæ non erunt, illi usumfructum do, lego (1). » (2)
nant, j'en donne, j'en lègue à un tel l'usufruit.

§ 5. — LES PACTES ET LES STIPULATIONS.

53. Nature des pactes et des contrats.

« *Pactum autem a pactione dicitur, inde etiam pacis*
Or on dit pacte de *pactio*, d'où aussi le nom
nomen appelatum est (3). » « Et est pactio, duorum plu-
paix est venu. Et *pactio*, c'est le consentement
riumve in idem placitum consensus (4). » « Conventionis
de deux ou de plusieurs sur le même point. Le mot de con-
verbum » (qui a le même sens que le mot pacte) « *generale*
vention est géné-
est, ad omnia pertinens, de quibus negotii contra-
ral, s'étendant à toutes les choses, auxquelles pour contracter

---

(1) Digeste, livre 7, titre 1, fragment 19, principium.
(2) Voyez M. Ortolan, Explication des Instituts de Justinien, tome I, page 423.
(3) Digeste, livre 2, titre 14, fragment 1, § 1.
(4) Digeste, livre 2, titre 14, fragment 1, § 2.

hendi, transigendique causa consentiunt, qui   inter   se
une affaire et pour transiger, consentent ceux qui ont affaire
agunt : nam sicuti convenire dicuntur,   qui
entre eux ; car, ainsi que sont dits *convenire* (se rassembler) ceux qui
ex diversis locis in unum (locum) colliguntur, et veniunt :
viennent de divers lieux dans un seul lieu, et s'y réunissent :
ita   et   qui   ex diversis animi motibus in unum
de même aussi, ceux qui de diverses tendances d'esprit ne font qu'un seul
consentiunt, id est,   in unam sententiam decurrunt...(1) »
sentiment,   c'est-à-dire, arrivent à une seule opinion......

Primitivement et dans la rigueur du droit, les conventions,
les pactes ne devaient produire, par eux-mêmes, aucun
effet juridique. Pour que le consentement produisît quelque
effet, il fallait que l'ancien droit civil eût spécialement distingué telle convention, l'eût rendue obligatoire, et munie
d'une action : alors elle prenait le nom de Contrat (*contractus*) (2). Quant aux autres (sauf celles auxquelles successivement le droit civil, le droit prétorien, le droit
impérial ont attribué des actions) (3), elles sont restées sans
valeur jusqu'à ce que la jurisprudence les ait reconnues
comme sources d'obligations naturelles, et, sans les munir
d'actions, ait décidé qu'on pourrait les invoquer par la
voie des exceptions (4). « *Juris gentium conventiones quæ-*
Certaines conventions du droit des gens
dam actiones pariunt, quædam exceptiones (5). » « *Quæ*
produisent des actions, d'autres, des exceptions.   Celles qui
pariunt   actiones, in suo nomine non stant, sed transeunt
produisent des actions ne restent pas sous leur nom, mais passent sous

---

(1) Digeste, livre 2, titre 14, fragment 1, § 3.

(2) Voyez M. OrtoLan, Explication des Instituts de Justinien, tome II, pages 119,
120, 294 et 300.

(3) Voyez M. OrtoLan, Explication des Instituts de Justinien, tome II, pages 294
et 295.

(4) Voyez M. OrtoLan, Explication des Instituts de Justinien, tome II, page 301.

(5) Digeste, livre 2, titre 14, fragment 7, principium.

in proprium nomen contractus... (1) » ... *nuda pactio*
le nom propre de contrat.... ...... le pacte nu ne
obligationem non parit, sed parit exceptionem (2). »
produit pas une obligation, mais produit une exception.

Le consentement forme donc l'essence du contrat comme
du pacte; et non-seulement, pour qu'il y ait contrat, c'est-
à-dire pour que le consentement produise obligation, il
faut que l'ancien droit civil lui ait donné cet effet, mais encore cet ancien droit civil lui-même n'a voulu reconnaître
le consentement seul comme obligatoire que dans quatre cas
particuliers; dans tous les autres, il faut de plus ou la remise d'une chose, ou certaines paroles ou certains écrits.
Les textes nous disent, en parlant des obligations «.... *quæ ex
... ... qui nas-
contractu nascuntur : harum quatuor genera sunt : aut*
sent d'un contrat : ... il y en a quatre genres : ... *re*
enim re contrahitur obligatio, aut verbis; aut
l'obligation est contractée ou par la chose, ou par des paroles, ou par
litteris aut consensu (3). » (4) « *Consensu fiunt obligatio-*
un écrit, ou par le consentement. ... Les obligations se font par le con-
nes in emptionibus et venditionibus, locationibus conduc-
sentement dans les achats et ventes, les locations et conduc-
tionibus, societatibus, mandatis (5). » « *Ideo autem*
tions, les sociétés, les mandats. ... Or, dans ce cas,
istis modis consensu dicimus obligationes contrahi,
nous disons que c'est par le consentement que les obligations sont contrac-
quia neque verborum, neque scripturæ ulla proprietas
tées, parce que aucune particularité ni de paroles, ni d'écriture n'est

---

(1) Digeste, livre 2, titre 14, fragment 7, § 1.

(2) Digeste, livre 2, titre 14, fragment 7, § 4.

(3) Gaïus, Institutions, commentaire 3, § 89; Voyez encore Institutions de Justinien, livre 3, titre 13, § 2.

(4) Voyez M. Ortolan, Explication des Instituts de Justinien, tome II, pages 117,
119 et 120.

(5) Gaïus, Institutions, commentaire 3, § 135; Voyez encore Institutions de Justinien, livre 3, titre 22, principium.

desideratur, sed sufficit eos qui negotium gerunt, consen-
exigée,   mais qu'il suffit que ceux qui font l'affaire aient con-
sisse.....(1) »; «.... quia neque scriptura, neque præsen-
senti....   ... parce qu'il n'est nullement besoin soit d'écriture,
tia omnimodo opus est, ac nec dari quidquam necesse est,
soit de présence,   et qu'il n'est pas nécessaire que rien soit donné,
ut substantiam capiat obligatio; sed sufficit eos qui nego-
pour que l'obligation prenne l'être;   mais qu'il suffit que ceux qui
tium gerunt consentire... (2) »
font l'affaire consentent....

84. Formes des contrats par paroles ou stipulations.

Nous n'avons pas à nous occuper des contrats formés
par la chose, ou par des écrits; mais nous devons exposer
ce que c'est que le contrat formé par paroles, en d'autres
termes, la stipulation, « ... *quæ hoc nomine inde utitur,*
          ... qui s'appelle de ce nom,
quia stipulum apud veteres firmum appellabatur, forte a
parce que *stipulum*, chez les anciens, signifiait ferme, dérivant
stipite descendens (3). » « Verbis obligatio fit ex interroga-
peut-être de *stipes* (souche).   L'obligation se fait par des paroles, au moyen
tione et responsione, velut : ... Dari   Spondes?
d'une interrogation et d'une réponse, comme : Réponds-tu qu'il sera donné?
Spondeo;   Dabis?   Dabo;   Promittis? Promitto;
J'en réponds; Donneras-tu? Je donnerai; Promets-tu? Je promets;
Fide promittis?   Fide promitto;   Fidejubes? Fide ju-
Promets-tu par ta foi? Je promets par ma foi; Cautionnes-tu? Je cau-
beo; Facies? Faciam (4). » « *Sed hæc quidem verborum obli-*
tionne; Feras-tu? Je ferai,   Mais, pourtant, cette obligation de
gatio : Dari spondes? Spondeo,   *propria civium*
paroles : Réponds-tu qu'il sera donné? J'en réponds,   est propreaux

---

(1) Gaïus, Institutions, commentaire 3, § 138.

(2) Institutions de Justinien, livre 3, titre 22, principium.

(3) Institutions de Justinien, livre 3, titre 15, principium.

(4) Gaïus, Institutions, commentaire 3, § 92; Voyez encore Institutions de Justinien, livre 3, titre 15, principium, et Digeste, livre 44, titre 7, fragment 1, § 7.

Romanorum est, ceteræ vero juris gentium sunt. Itaque
citoyens romains, tandis que les autres sont du droit des gens. Aussi,
inter omnes homines, sive cives Romanos sive peregrinos,
entre tous les hommes, soit citoyens romains, soit pérégrins,
valent;   et quamvis ad græcam vocem expressa
elles sont valables; et, quoiqu'elles soient exprimées en mots
fuerint, velut hoc modo : (δώσεις;   δώσω·   ὁμολογεῖς;
grecs, comme de cette manière : DONNERAS-TU? JE DONNERAI; PROMETS-TU?
ὁμολογῶ·   πίστει κελεύεις;   πίστει κελεύω·   ποιήσεις;
JE PROMETS; CAUTIONNES-TU?   JE CAUTIONNE;   FERAS-TU ?
ποιήσω), *etiam hæc tamen inter cives Romanos valent,*
JE FERAI, elles valent cependant aussi entre citoyens romains,
si modo græci sermonis intellectum habeant; et, e con-
si toutefois ils ont l'intelligence de la langue grecque; et, au con-
trario quamvis latine enuntientur, tamen etiam inter
traire, quoiqu'elles soient énoncées en latin, cependant elles valent
peregrinos valent, si modo latine sermonis intellectum
aussi entre pérégrins, si toutefois ils ont l'intelligence de la langue
habeant. At illa verborum obligatio :   DARI
latine.   Mais cette obligation de paroles :   RÉPONDS-TU QU'IL SERA
SPONDES ?   SPONDEO, *adeo propria civium Romanorum est,*
DONNÉ?   J'EN RÉPONDS, est tellement propre aux citoyens romains,
ut ne quidem in græcum sermonem per interpre-
qu'elle ne peut même pas être, par traduction, transportée dans son sens
tationem proprie transferri possit, quamvis dicatur a
propre en langue grecque,   quoiqu'on dise qu'elle
græca voce figurata esse (1). »
a été formée d'un mot grec.

Voilà quelles étaient les règles suivies encore au second
siècle après J. C. Mais, sous Justinien, ces formules consa-
crées ne sont plus nécessaires : « *In hac re talia verba*
                              En cette matière de telles pa-
tradita   fuerunt : SPONDES ? SPONDEO; PROMITTIS?
roles furent de tradition : RÉPONDS-TU? JE RÉPONDS; PROMETS — TU ?

---

(1) Gaïus, Institutions, commentaire 3, § 93.

PROMITTO; FIDEPROMITTIS? FIDEPROMITTO; FIDE-
JE PROMETS; PROMETS-TU PAR TA FOI? JE PROMETS PAR MA FOI; CAU-
JUBES? FIDEJUBEO; DABIS? DABO; FACIES?
TIONNES-TU? JE CAUTIONNE; DONNERAS-TU? JE DONNERAI; FERAS-TU?
FACIAM. *Utrum autem Latina, an Græca, vel qua alia*
JE FERAI. Mais que ce soit en langue latine, ou grecque, ou quelque autre,
lingua stipulatio concipiatur, nihil interest, scilicet si
que la stipulation soit conçue, peu importe, bien entendu,
uterque stipulantium intellectum ejus linguæ habeat.
si l'un et l'autre des stipulants ont l'intelligence de cette langue.
Nec necesse est eadem lingua utrumque uti,
Il n'est même pas nécessaire que l'un et l'autre se servent de la même langue,
sed sufficit congruenter ad interrogatum respondere; quin
mais il suffit de répondre conformément à l'interrogation; bien
etiam duo Græci Latina lingua obligationem contrahere
plus, deux Grecs peuvent contracter une obligation en langue
possunt. Sed hæc solemnia verba olim quidem in usu fue-
latine. Toutefois ces paroles solennelles furent bien autrefois en
runt. Postea autem Leoniana constitutio (1) lata est, quæ,
usage. Mais plus tard une constitution de Léon fut portée, qui,
solemnitate verborum sublata, sensum et consonantem in-
supprimant la solennité des paroles, exige seulement de l'une et de
tellectum ab utraque parte solum desiderat, licet quibus-
l'autre partie le sens et l'accord intellectuel, en quelques pa-
cunque verbis expressus est (2). »
roles d'ailleurs qu'il soit exprimé.

Le mot stipulation désigne souvent le contrat tout entier : « *Stipulatio autem est verborum conceptio, quibus*
Or la stipulation est une formule de paroles, par lesquelles
is, qui interrogatur, daturum facturumve se, quod in-
celui qui est interrogé répond qu'il donnera ou qu'il fera ce
terrogatus est, responderit (3). » Mais il a aussi un sens
qu'on lui a demandé.

---

(1) Voyez Code de Justinien, livre 8, titre 38, constitution 10.
(2) Institutions de Justinien, livre 3, titre 15, § 1.
(3) Digeste, livre 45, titre 1, fragment 5, § 1.

plus restreint, plus technique, d'après lequel il ne désigne plus que la première partie de cet acte, l'interrogation :

« Stipulatio est verborum conceptio ad quam quis
La stipulation est une formule de paroles, à laquelle quelqu'un in-

congrue interrogatus respondet, velut : SPONDES?
terrogé répond d'une manière conforme, comme : RÉPONDS-TU ?

SPONDEO; DABIS? DADO; PROMITTIS? PROMITTO;
JE RÉPONDS; DONNERAS-TU? JE DONNERAI; PROMETS-TU? JE PROMETS;

FIDEI TUÆ ERIT? FIDEI MEÆ ERIT... (1) » : alors la seconde
SERA-CE SOUS TA FOI? CE SERA SOUS MA FOI.....

partie s'appelle la réponse (*responsio*), la promesse (*pro- missio* (2).

55. Établissement des servitudes par des pactes et des stipulations.

Ce mode d'établissement des servitudes, par des pactes et des stipulations, a pris naissance sur le sol provincial.

Il existe, en droit romain, une grande différence entre le sol de l'Italie et le sol des provinces. Les fonds italiques seuls jouissent du droit civil, sont susceptibles de la véritable propriété romaine (*dominium ex jure Quiritium*), et conséquemment des démembrements de cette propriété, des servitudes, soit réelles, soit personnelles. Quant aux fonds provinciaux, les particuliers ne peuvent en avoir la propriété : «... *In (eo solo) dominium populi Romani est vel*
... Sur ce sol le domaine est au peuple romain ou à

Cæsaris; nos autem possessionem tantum (et) usumfruc-
César; mais nous, nous paraissons en avoir la possession seulement

tum habere videmur.... (3) » (4)
et l'usufruit.....

---

(1) PAUL, Sentences, livre 2, titre 3.

(2) Voyez M. ORTOLAN, Explication des Instituts de Justinien, tome II, pages 133 et 134.

(3) GAÏUS, Institutions, commentaire 2, § 7.

(4) Voyez THÉOPHILE, Paraphrase des Institutions de Justinien, livre 2, titre 1, § 40; M. ORTOLAN, Généralisation du droit romain, nᵒˢ 41 et 43, et Explication des Instituts

On ne pouvait donc pas, dans la rigueur des principes, établir de servitudes sur les fonds provinciaux. Il
est vrai que, tout en maintenant cette idée que tout le sol
provincial appartient au peuple ou à César, on n'a pas
voulu lui faire produire d'autre conséquence bien importante, sinon que les détenteurs de ce sol seraient tenus de
payer un tribut au peuple ou à César. Dès lors, les droits
de ces détenteurs ont offert assez d'analogie avec la propriété, et, sous le nom de possession (*possessio*), ont été
protégés par les préteurs presque à l'égal des droits d'un
véritable propriétaire ; dès lors aussi, les préteurs ont laissé
établir des droits analogues aux servitudes, et ils les ont
protégés de même par des moyens émanant de leur juridiction (1).

Pour établir ces droits, l'adjudication, le testament, pouvaient bien être employés. Mais le testament ne peut pas
les constituer entre-vifs, et l'adjudication, qui n'a lieu du
reste que dans trois cas particuliers, suppose toujours un
procès, et non une concession volontaire. La mancipation
et la cession juridique sont, nous l'avons vu (nᵒˢ 39 et 41),
les moyens ordinaires pour ces concessions volontaires et
entre-vifs ; « *Sed hæc scilicet in Italicis prædiis ita*

Mais cela est ainsi bien entendu pour les héritages

sunt, quia et ipsa prædia mancipationem et in jure

italiques, parce que ces héritages eux-mêmes admettent et la mancipation

cessionem accipiunt; alioquin in provincialibus prædiis,

et la cession juridique ;   autrement, pour les héritages provinciaux,

sive   quis   usumfructum,   sive   jus eundi,

soit que quelqu'un veuille y constituer un usufruit, ou un droit de passer,

agendi,   aquamve ducendi, vel altius tollendi œdes,

de conduire, ou de faire passer de l'eau, ou d'élever une maison plus haut,

---

de Justinien, tome I, pages 425 et 426 ; et M. PELLAT, Principes du droit romain sur la
propriété et sur l'usufruit, n° 40.

(1) Voyez M. ORTOLAN, Explication des Instituts de Justinien, tome I, page 426.

8.

aut non tollendi ne luminibus vicini officiatur,
ou de ne pas l'élever afin qu'elle ne nuise pas aux jours du voisin,
cœteraque similia jura constituere velit, pactionibus et
ou les autres droits semblables, il peut l'effectuer par
stipulationibus id efficere potest; quia ne ipsa quidem
des pactes et des stipulations; parce que ces héritages eux-mêmes
prædia mancipationem aut (in) jure cessionem reci-
n'admettent certainement pas la mancipation ou la cession juri-
piunt (1). » (2)
dique.

C'est ainsi que, dans l'impossibilité où l'on est d'établir de véritables servitudes sur ces fonds qui ne sont pas susceptibles de propriété, on arrive cependant à donner aux possesseurs de ces fonds, du moins tant que dure leur possession, presque tous les effets utiles des servitudes ; le pacte indique bien clairement ce que veulent faire les parties; mais il n'est pas obligatoire; puis intervient la stipulation qui rend obligatoire ce qui a été convenu. Quelquefois aussi une vente, contrat purement consensuel, mais produisant néanmoins par lui-même des obligations, remplace à la fois le pacte et la stipulation. Mais dans tous ces cas, ce n'est pas une véritable servitude, un droit réel qui est établi : « *Obligationum substantia non in eo consistit ut*
La substance des obligations consiste en ceci, non
aliquod corpus nostrum, aut servitutem nostram faciat;
qu'elle fasse nôtre quelque corps ou quelque servitude,
sed ut alium nobis obstringat ad dandum aliquid, vel
mais qu'elle astreigne un autre envers nous à donner, ou à faire,
faciendum, vel præstandum (3). » ; c'est seulement un droit
ou à fournir quelque chose.

personnel, c'est seulement, de la part de celui qui a pro-

---

(1) Gaius, Institutions, commentaire 2, § 31.

(2) Voyez M. Ortolan, Explication des Instituts de Justinien, tome I, page 426; et M. Pellat, Principes du droit romain sur la propriété et sur l'usufruit, n° 74.

(3) Digeste, livre 44, titre 7, fragment 3, principium.

mis, une obligation de ne pas empêcher l'autre partie
d'exercer, comme elle le voudra, les droits qu'elle a sti-
pulés à son profit : « *Si a te emero ut mihi liceat ex*
Si j'achète de toi qu'il me soit permis

ædibus meis in ædes tuas stillicidium immittere, et pos-
d'avancer une gouttière de ma maison au-dessus de ta maison, et qu'en-

tea te sciente ex causa emptionis immissum habeam ;
suite, toi le sachant, pour cause d'achat, je la possède ainsi avancée ;

quæro an ex hac causa actione quadam vel exceptione
je demande si pour cette cause je dois être protégé par une action ou par

tuendus sim. Respondi utroque auxilio me usurum (1). »
une exception.   J'ai répondu que j'userais de l'un et de l'autre moyen.

Cette obligation peut elle-même être garantie encore par
une clause pénale ou par une satisdation (2) ; et cette garantie était peut-être même, à la rigueur, nécessaire, car
la stipulation portant accessoirement sur une somme d'argent (ce qui constitue la clause pénale), ou adressée à un
fidéjusseur (ce qui est le cas de la satisdation), était certainement valable, tandis qu'on peut douter de la validité de
celle qui avait directement pour objet une servitude sur le
sol provincial, puisque ce sol n'était susceptible ni de propriété ni de servitudes : « *Si iter, actum, viam, aquæduc-*
Si j'achète un passage, une conduite,

tum per tuum fundum emero, vacuæ possessionis tra-
une voie, un aqueduc à travers ton fonds, il n'y a aucune tradition de la

ditio nulla est ; itaque cavere debes per te non fieri quo-
nue-possession ; aussi dois-tu garantir qu'il n'arrivera pas par toi que je

minus utar (3). » « *Quotiens via, aut aliquod jus fundi*
n'en use pas.   Labéon pense que, toutes les fois qu'une voie ou

emeretur, cavendum putat esse Labeo per te non
quelque droit sur un fonds serait acheté, on doit garantir qu'il n'arrivera

---

(1) Digeste, livre 8, titre 5, fragment 16.
(2) Voyez Théophile, Paraphrase des Institutions de Justinien, livre 2, titre 3, § 4.
(3) Digeste, livre 19, titre 1, fragment 3, § 2.

fieri, quominus eo jure uti possit : quia nulla ejusmodi
pas par toi qu'il ne puisse user de ce droit; parce qu'il n'y aurait aucune
juris vacua traditio esset.... (1). » (2)
une tradition d'un droit de cette sorte....

Nous pensons donc qu'il est impossible que les pactes et les stipulations constituent des servitudes comme droits réels, et, outre les raisons que nous en avons données, nous trouvons encore les textes suivants qui nous paraissent convaincants : le premier parle d'un propriétaire, ayant une servitude d'aqueduc, et voulant céder le droit de puiser dans cet aqueduc; il dit que cela pourra se faire au moyen des pactes et des stipulations, et il indique cependant, en même temps, pourquoi ce droit ne pourra pas être un droit réel : « *Per plurium prædia aquam ducis quoquo*

Tu conduis de l'eau à travers les héritages de plusieurs, de quelque

modo imposita servitute; nisi pactum vel stipu-
manière que la servitude soit imposée; à moins qu'un pacte ou une stipul-
latio etiam de hoc subsecuta est, neque eorum
lation ne soit survenue aussi sur ce point, tu ne pourras céder, ni à aucun
cuivis, neque alii vicino poteris haustum ex rivo cedere :
d'eux, ni à un autre voisin, le puisage dans le ruisseau :
pacto enim vel stipulatione intervenientibus et hoc
car c'est par l'intervention d'un pacte ou d'une stipulation, que ce droit
concedi solet, quamvis nullum prædium ipsum sibi
aussi a coutume d'être concédé, quoique aucun héritage ne puisse se devoir
servire, neque servitutis fructus constitui
de servitude à lui-même, et que l'usufruit d'une servitude ne puisse être
potest (3). » (4) ; les deux autres disent que, si, après avoir constitué.

---

(1) Digeste, livre 8, titre 1, fragment 20.

(2) Voyez M. Ortolan, Explication des Instituts de Justinien, tome I, pages 421, 422, 426 et 427; et M. Pellat, Principes du droit romain sur la propriété et sur l'usufruit, nos 75, 76 et 80.

(3) Digeste, livre 8, titre 3, fragment 23, § 1.

(4) Voyez M. Ortolan, Explication des Instituts de Justinien, tome I, page 426; et M. Pellat, Principes du droit romain sur la propriété et sur l'usufruit, n° 77.

stipulé une servitude au profit de son fonds, le stipulant aliène ce fonds pour le tout ou pour une partie indivise, la stipulation devient inutile ; or, si la servitude était véritablement établie comme droit réel, l'aliénation totale ou partielle du fonds ne l'empêcherait pas de subsister : « *Si quis*

Si quel-

viam ad fundum suum dari stipulatus fuerit, postea

qu'un a stipulé qu'une voie vers son fonds lui serait donnée, et qu'ensuite

fundum partemve ejus ante constitutam servitutem alie-

il ait aliéné le fonds ou une partie du fonds, avant la servitude constituée

naverit, evanescit stipulatio (1). » « *Pro parte dominii*

la stipulation s'évanouit. Il est reçu généralement

servitutem adquiri non posse vulgo traditur.

qu'une servitude ne peut pas être acquise pour une partie de la propriété.

Et ideo, si quis, fundum habens, viam stipuletur, et par-

Et c'est pourquoi, si quelqu'un, ayant un fonds, stipule une voie, et qu'en-

tem fundi sui postea alienet, corrumpit stipulationem, in

suite il aliène une partie de son fonds, il détruit la stipulation, en la

eum casum deducendo, à quo stipulatio incipere non pos-

ramenant dans un cas où la stipulation ne pourrait pas com-

sit..... (2) » (3)

mencer.....

Cependant cette question est vivement controversée et divise les auteurs : les uns soutiennent que, par les pactes et les stipulations, les servitudes peuvent être établies, même comme droits réels ; les autres pensent (et nous adoptons cette opinion) qu'il est impossible que le droit réel de servitude soit ainsi constitué : l'un d'entre eux (4) a même varié plusieurs fois à ce sujet (5).

---

(1) Digeste, livre 45, titre 1, fragment 136, § 1.

(2) Digeste, livre 8, titre 1, fragment 11.

(3) Voyez M. Pellat, Principes du droit romain sur la propriété et sur l'usufruit, n° 78.

(4) Du Caurroy.

(5) Voyez M. Pellat (qui donne les deux listes de ces auteurs), Principes du droit romain sur la propriété et sur l'usufruit, n° 75, note.

Dans l'opinion opposée à la nôtre, on se fonde sur le mot *constituere* (constituer, établir), dont se sert Gaïus, 1° dans ce texte qui nous est déjà connu : « ..... *Sive quis*

..... Soit que quel-

usumfructum, sive jus eundi, agendi..... cœte-

qu'un veuille constituer un usufruit, ou un droit de passer, de conduire.....

raque similia jura constituere velit, pactionibus et stipula-

et les autres droits semblables, il peut l'effectuer par des pactes

tionibus id efficere potest..... (1) » ; et 2° dans le texte sui-

et des stipulations.....

vant : « ..... *Sine testamento..... si quis velit usumfructum*

..... Si quelqu'un veut constituer un usufruit, sans testament,

constituere, pactionibus et stipulationibus id efficere po-

il peut l'effectuer par des pactes et des stipu-

test (2). » Mais cet argument, qui semble décisif au pre-

lations.

mier abord, perd toute sa force si l'on considère que le même jurisconsulte Gaïus, dans le même fragment que nous venons de citer, emploie la même expression, *constituere* pour le cas de legs par condamnation (*per damnationem*), cas où très-certainement, ainsi que nous l'avons vu (nᵒˢ 48 et 49), il ne s'agit que d'un droit personnel, d'une obligation :

« *Omnium prædiorum, jure legati, potest constitui usus-*

L'usufruit de tous les héritages peut être constitué par droit de legs,

fructus, ut heres jubeatur dare alicui usumfruc-

de manière que l'héritier reçoive l'ordre de donner à quelqu'un l'usu-

tum..... (3) » (4)

fruit.....

Il est évident que nous n'avons pas à rechercher si les pactes et les stipulations peuvent s'appliquer à l'établissement de toutes les servitudes, puisque, dans aucun cas,

---

(1) Gaïus, Institutions, Commentaire 2, § 31.
(2) Digeste, livre 7, titre 1, fragment 3, principium.
(3) Digeste, livre 7, titre 1, fragment 3, principium.
(4) Voyez M. Ortolan, Explication des Instituts de Justinien, tome I, page 421 ; et M. Pellat, Principes du droit romain sur la propriété et sur l'usufruit, nᵒ 78.

nous venons de le voir, ce moyen ne peut servir à en établir de véritables. Mais il n'est pas moins certain que, si l'on considère seulement le droit personnel qui en résulte, l'obligation de ne pas empêcher d'agir comme si une servitude existait, les pactes et les stipulations peuvent établir, dans toutes leurs variétés, ces droits analogues aux servitudes.

Sous Justinien, ce mode d'établissement des servitudes, par des pactes et des stipulations, existe encore : « *Si quis*
Si quelqu'un
velit vicino aliquod jus constituere, pactionibus atque
veut constituer une servitude pour son voisin, il doit l'effectuer
stipulationibus id efficere debet... (1) »
par des pactes et des stipulations...

A cette époque, toute distinction est abolie entre le sol de l'Italie et le sol des provinces (2) : aussi, lorsqu'on emploie, même dans les provinces, les pactes et les stipulations pour établir une servitude, il n'est plus nécessaire de stipuler une clause pénale, comme on le faisait ordinairement à la suite de la stipulation principale; cette clause ne sert qu'à garantir plus fortement l'exécution de l'obligation qu'a contractée le promettant, d'établir la servitude comme droit réel; car, alors, tout le sol de l'empire est susceptible et de propriété et de démembrement de propriété, et conséquemment l'établissement d'une véritable servitude peut former légalement l'objet d'une stipulation (3).

Enfin, on se demande si, du moins à cette époque, les servitudes établies par des pactes et des stipulations, ne le sont pas comme droits réels. Bien des auteurs l'ont pensé, car, s'il n'en était ainsi, la cession juridique n'existant plus

---

(1) Institutions de Justinien, livre 2, titre 3, § 4.

(2) Voyez Code de Justinien, livre 7, titre 25, et titre 31; M. Ortolan, Explication des Instituts de Justinien, tome I, pages 356, 421 et 422; et M. Pellat, Principes du droit romain sur la propriété et sur l'usufruit, n° 53.

(3) Voyez M. Ortolan, Explication des Instituts de Justinien, tome I, page 422.

alors, les servitudes négatives, qui ne sont pas susceptibles de quasi-tradition, ne pourraient, par aucun moyen, étré constituées entre-vifs. Cependant aucun document ne nous indique qu'un changement aussi remarquable soit survenu dans la législation ; et il est trop en contradiction avec les principes du droit romain pour qu'on puisse l'admettre sans preuve (1).

§ 6. — L'USAGE.

88. Nature de l'usage : usucapion, prescription.

Le mot usage n'a point ici le sens ordinaire que nous lui avons reconnu (n°s 6 et 7), et d'après lequel il désigne un démembrement particulier du droit de propriété. Il est synonyme de possession; il indique, non un droit, mais un fait, le fait de détenir une chose, de s'en servir comme si on en était propriétaire, de la posséder. Ce fait se nommait, dans l'ancien droit romain, *usus, usus auctoritas, usus et auctoritas;* il se nomma plus tard *usucapio,* et enfin *præscriptio* (2).

Ce fait est au nombre des moyens d'acquérir du droit romain : « *Singularum rerum dominia nobis adquiruntur..... usucapione....* (3) » « *Usucapione dominia adipiscimur, tam mancipi rerum, quam nec mancipi. Usucapio est autem dominii adeptio*

La propriété des choses particulières nous est acquise... par l'usucapion... Par l'usucapion, nous acquérons la propriété, tant des choses de mancipation, que des choses de non-mancipation. Or, l'usucapion est l'acquisition de la propriété

---

(1) Voyez M. ORTOLAN, Explication des Instituts de Justinien, tome I, pages 424, 425, 426 et 427; et M. PELLAT, Principes du droit romain sur la propriété et sur l'usufruit, n° 109.

(2) Voyez M. ORTOLAN, Explication des Instituts de Justinien, tome I, pages 335, 342, 343 et 452.

(3) ULPIEN, Règles, titre 19, § 8.

per continuationem possessionis... » (C'est de là que lui
par une continuation de possession...)

vient son nom : *usucapio* (acquisition par l'usage, par la
possession) (1) « ...*per continuationem possessionis anni vel*
... par une continuation de possession d'un an ou

biennii : rerum mobilium anni, immobilium
de deux ans : pour les choses mobilières, d'un an ; pour les immobilières,

biennii (2). » « (*Usucapio autem*) *mobilium quidem*
de deux ans.   Or, l'usucapion des choses mobilières est

rerum anno completur, fundi vero et ædium biennio :
accomplie par un an, mais celle d'un fonds et d'une maison par deux ans ;

et ita lege XII Tabularum cautum est (3). »
et, ainsi, il a été décidé par la loi des Douze Tables.

L'usucapion pouvait, dans deux cas différents, faire acquérir la propriété : — 1°, « ... *si tibi rem mancipi neque*
.... si je ne t'ai ni mancipé, ni cédé

mancipavero, neque in jure cessero, sed tantum tra-
juridiquement une chose de mancipation, mais que je te l'aie seulement

didero, in bonis quidem tuis ea res efficietur, ex jure
livrée,   cette chose, à la vérité, entrera dans tes biens, mais elle

Quiritium vero mea permanebit, donec tu eam possi-
restera mienne d'après le droit des Quirites, jusqu'à ce que, en la possé-

dendo usucapias : semel enim impleta usucapione, proinde
dant, tu l'usucapes ; car, une fois l'usucapion accomplie, elle com-

pleno jure incipit, id est, et in bonis et ex jure Quiri-
mence à être tenue par un droit complet, c'est-à-dire et dans tes biens et

tium tua res esse, ac si ea mancipata vel in jure
d'après le droit des Quirites, comme si elle avait été mancipée ou cédée

cessa (esset) (4). » — 2°, « *Cæterum etiam earum rerum*
juridiquement.   Au reste, l'usucapion nous est ouverte

---

(1) Voyez M. Ortolan, Explication des Instituts de Justinien, tome I, page 459.

(2) Ulpien, Règles, titre 19, § 8.

(3) Gaïus, Institutions, Commentaire 2, § 42 ; voyez encore Institutions de Justinien, livre 2, titre 6, principium.

(4) Gaïus, Institutions, Commentaire 2, § 41.

usucapio nobis competit, quæ non a domino nobis traditæ
aussi pour ces choses qui nous ont été livrées par un non pro-
fuerint, sive mancipi sint eæ res, sive nec mancipi,
priétaire, que ces choses soient de mancipation, ou de non mancipation,
si modo eas bona fide acceperimus, cum crederemus eum
si toutefois nous les avons reçues de bonne foi, lorsque nous croyions que
qui tradiderit dominum esse (1). » (2)
celui qui les a livrées était le propriétaire.

» *Quod ideo receptum videtur, ne rerum dominia diu-*
Et cela paraît avoir été admis afin que la propriété des choses ne fût
tius in incerto essent, cum sufficeret domino
pas trop longtemps dans l'incertitude, lorsqu'il suffisait au propriétaire
ad inquirendam rem suam anni aut biennii spatium, quod
pour rechercher sa chose, d'un espace d'un an ou de deux ans, lequel
tempus ad usucapionem possessori tributum est (3). »
temps est attribué au possesseur pour l'usucapion.

Mais ce mode civil d'acquisition de la propriété ne pouvait pas, évidemment, s'appliquer aux fonds provinciaux,
puisque ces fonds étaient en dehors du droit civil, et
n'étaient pas susceptibles de propriété : « ..... *provincialia*
...... les héritages
prædia usucapionem (non) recipiunt (4). » Cependant
provinciaux n'admettent pas l'usucapion.
les préteurs provinciaux ne voulurent pas non plus que
cette possession, qui remplaçait sous bien des rapports le
droit de propriété dans les provinces, fût trop longtemps
dans l'incertitude; d'un autre côté, ce laps de deux ans,
qui suffisait au droit civil pour faire perdre la propriété des
fonds en Italie, leur parut trop court ; dès lors, ils promi-

____

(1) Gaïus, Institutions, Commentaire 2, § 43 ; voyez encore Institutions de Justinien, livre 2, titre 6, principium.

(2) Voyez M. Ortolan, Explication des Instituts de Justinien, tome I, pages 335, 342 et 432; et M. Pellat, Principes du droit romain sur la propriété et sur l'usufruit, nᵒˢ 14 et 15.

(3) Gaïus, Institutions, Commentaire 2, § 44 ; voyez encore Institutions de Justinien, livre 2, titre 6, principium.

(4) Gaïus, Institutions, Commentaire 2, § 46.

rent dans leurs édits de maintenir en possession ceux qui prouveraient qu'ils étaient entrés de bonne foi en possession et qu'ils avaient continué à posséder pendant un long temps : ce temps était de dix ans entre présents et de vingt ans entre absents : le moyen qu'ils employaient pour cela était une prescription (*præscriptio*), moyen de procédure, qui rentrait conséquemment dans leur juridiction, et qui, du reste, fut confirmé plus tard par les constitutions impériales, ainsi que cela résulte de ce texte : « ... *longæ pos-*

.... par la prescrip-

sessionis præscriptione, si...... possessio impleat tempora
tion de la longue possession, si la possession....... remplit le temps
constitutionibus statuta (1). » (2)
établi par les constitutions.

Or, on appelait prescription, une clause accessoire, une adjonction faite aux parties principales de la formule, qui, délivrée au juge par le préteur, lui indiquait les points à examiner et la sentence à prononcer suivant le résultat de cet examen. Cette clause est ainsi nommée, à cause de la place qu'elle occupe en tête de la formule : « *Præscrip-*

Mais, que

tiones autem appellatas esse ab eo (quod a)nte formulas
les prescriptions soient ainsi appelées, parce qu'elles sont écrites avant les
præscribuntur, plus quam manifestum est (3). » (4). Les
formules, c'est plus que manifeste.

prescriptions ont, au fond, beaucoup d'analogie avec les exceptions. Les unes et les autres sont des restrictions apportées, soit à la prétention du demandeur, soit à la mission du juge, qui ne pourra plus, ou condamner le défendeur

---

(1) Digeste, livre 18, titre I, fragment 76.

(2) Voyez M. ORTOLAN, Explication des Instituts de Justinien, tome I, pages 843 et 453 ; et M. PELLAT, Principes du droit romain sur la propriété et sur l'usufruit, n° 42.

(3) GAIUS, Institutions, Commentaire 4, § 132.

(4) Voyez M. ORTOLAN, Explication des Instituts de Justinien, tome II, pages 446 et 447.

(ce qui est le cas des exceptions), ou même examiner l'affaire (ce qui est le cas des prescriptions). Une des plus remarquables, celle qui a fait passer le nom générique de prescription dans la législation de Justinien, et même dans les législations modernes, mais avec un sens restreint, détourné, obscur pour presque tout le monde, et certainement insignifiant, c'est précisément celle dont nous nous occupons spécialement, la *præscriptio longi temporis* (prescription de long temps), que le possesseur d'un fonds provincial pouvait faire insérer dans la formule, si on venait réclamer ce fonds contre lui, après qu'il l'avait possédé de bonne foi pendant dix ans entre présents, ou vingt ans entre absents (1).

Sous Justinien, tout le sol de l'empire est soumis au même droit; aussi, cet empereur ne conserve plus intacte, ni l'usucapion, qui s'appliquait à l'Italie, ni la prescription de long temps, qui s'appliquait aux provinces; mais il les modifie l'une par l'autre, et crée en réalité une institution nouvelle : « ..... *Nobis melior sententia sedit : ne*
...... Un meilleur avis s'est fixé en nous : c'est

domini   maturius   suis   rebus   defraudentur,
que les propriétaires   ne soient pas dépouillés trop tôt de leurs biens,

neque   certo   loco   beneficium   hoc   concludatur. Et
et que ce bénéfice ne soit pas renfermé dans un lieu déterminé.   Et,

ideo   constitutionem (2)   super   hoc   promulga-
à cause de cela, nous avons promulgué sur ce sujet une constitu-

vimus,   quâ   cautum   est   ut ' res   quidem   mobiles
tion, par laquelle il a été décidé que, d'un côté, les choses mobilières

per   triennium, immobiles   vero   per   longi   temporis   pos-
fussent usucapées par trois ans, et d'un autre côté, les immobilières par la

sessionem (id est, inter præsentes decennio, inter absen-
possession de long temps (c'est-à-dire entre présents par dix ans, entre ab-

---

(1) Voyez M. Ortolan, Explication des Instituts de Justinien, tome I, page 453 et tome II, page 450.

(2) Voyez Code de Justinien, livre 7, titre 31, Constitution unique.

les viginti annis) usucapiantur; et . . . . his modis non
sents par vingt ans); et que, par ces moyens, non-
solum in Italia, sed in omni terra quæ nostro imperio
seulement en Italie, mais dans tout le territoire qui est gouverné par
gubernatur, dominia rerum, justa causa possessionis
notre commandement, la propriété des choses soit acquise, à la suite d'une
præcedente, adquirantur (1). » (2)
juste cause de possession.

57. Établissement des servitudes par l'usage.

Il paraît que, primitivement, l'usage, la possession, l'u-
sucapion, qui était, ainsi que nous l'avons vu (n° 56), un
des modes civils d'acquisition de la propriété, était aussi
admis par la jurisprudence comme un des modes civils
d'acquisition des servitudes. Mais ce mode fut supprimé
par la loi Scribonia, dont l'existence ne nous est connue
que par le texte suivant, qui nous indique précisément cette
suppression : «.... *eam usucapionem sustulit lex Scri-*
.... la loi Scribonia supprima cette usucapion,
bonia, quæ servitutem constituebat... (3) » On ignore la
qui établissait une servitude....

date exacte de cette loi ; mais on présume qu'elle fut portée
l'an 33 avant J.-C. Quelques auteurs cependant, et malgré
le texte que nous venons de citer, contestent l'existence de
cette loi, ou du moins le sens et la portée qu'on voudrait
lui donner. Ce qui est certain, c'est que bien d'autres textes
postérieurs à cette époque, nous disent que ni les servitudes
de fonds ruraux, ni celles de fonds urbains ne peuvent être
acquises par usucapion : « *Incorporales res.... usucapio-*
Il est manifeste que les choses incor-

---

(1) Institutions de Justinien, livre 2, titre 6, principium.

(2) Voyez M. ORTOLAN, Explications des Instituts de Justinien, tome I, pages 454 et 455; et M. PELLAT, Principes du droit romain sur la propriété et sur l'usufruit, n° 53.

(3) Digeste, livre 41, titre 3, fragment 4, § 29.

nem non recipere manifestum est (1). » : or, toutes les ser-
porelles n'admettent pas... l'usucapion.
vitudes sont des choses incorporelles. « *Servitutes præ-*
Les servitudes d'hé-
diorum rusticorum, etiamsi corporibus accedunt, incorpo-
ritiges rustiques, bien qu'elles accèdent à des corps, sont cependant incor-
rales tamen sunt, et ideo usu non capiuntur: vel ideo
porelles, et, à cause de cela, elles ne sont pas usucapées : ou parce
quia tales sunt servitutes, ut non habeant certam conti-
que ce sont des servitudes telles, qu'elles n'ont pas une possession certaine
nuamque possessionem : nemo enim tam perpetuo tamque
et continue :   car personne ne peut passer si perpétuelle-
continenter ire potest, ut nullo momento possessio ejus in-
ment et si continuellement, que, à aucun moment, sa possession ne paraisse
terpellari videatur. Idem et in servitutibus prædiorum ur-
interrompue.   La même chose s'observe aussi pour les servi-
banorum observatur (2). » « *Hoc jure utimur, ut servi-*
tudes d'héritages urbains.   Nous usons de ce droit, que les ser-
tutes per se nusquam longo tempore capi possint, cum
vitudes ne puissent jamais être acquises dans un long temps par elles-mêmes
ædificiis possint (3). » (4)
et qu'elles le puissent avec les édifices.

Cependant le droit prétorien vint encore au secours de
ceux qui usaient depuis longtemps des servitudes qui
s'exercent d'une manière continue, sans qu'il soit besoin
du fait de l'homme, c'est-à-dire, comme nous l'avons
établi (n° 34), de presque toutes les servitudes de fonds
urbains, par opposition aux servitudes de fonds ruraux :
« *Servitutes, quæ in superficie consistunt, possessione*
Les servitudes qui consistent dans la superficie sont conservées par la

---

(1) Digeste, livre 41, titre 1, fragment 43, § 1.
(2) Digeste, livre 8, titre 1, fragment 14, principium.
(3) Digeste, livre 41, titre 3, fragment 10, § 1.
(4) Voyez M. Ortolan, Explication des Instituts de Justinien, tome 1, page 113 ; et
M. Pellat, Principes du droit romain sur la propriété et sur l'usufruit, n° 57.

retinentur. Nam si forte ex œdibus meis in œdes tuas
possession.   Car, si, par exemple, j'ai une poutre appuyée de ma maison
tignum immissum habuero, hoc ut immissum habeam,
sur la maison, dès que je l'ai, appuyée, je possède,   par le fait
per causam tigni possideo habendi consuetudinem. Idem
de la poutre, le droit d'en avoir habituellement.   La
evenit et si mœnianum in tuum immissum habuero,
même chose arrive encore si j'ai un balcon avancé sur ton fonds, ou si
aut stillicidium in tuum projecero; quia in tuo aliquid
j'ai projeté une gouttière sur ton fonds;   parce que j'exerce un cer-
utor,   et sic quasi facto quodam possideo (1). »; et
tain usage sur ton fonds, et que je possède ainsi comme par un fait.

les constitutions impériales confirmèrent sur ce point le
droit prétorien : « *Si quas actiones adversus eum qui œdi-*
                      Si tu estimes que quelques actions te compètent
ficium contra veterem formam exstruxit, ut luminibus tuis
contre celui qui a construit un édifice contrairement à l'ancienne forme,
officeret, competere tibi existimas: more solito per judicem
de manière à nuire à tes jours, tu ne seras pas empêché de les exercer par
exercere non prohiberis. Is qui judex erit, longi
la voie accoutumée, au moyen d'un juge. Que celui qui sera juge sache que
temporis consuetudinem, vicem servitutis ob-
l'habitude de long temps tient lieu de servitude, bien
tinere sciet, modo, si is qui pulsatur, nec
entendu, si celui qui est expulsé ne possède ni violemment,
vi, nec clam, nec precario possidet (2). »   (3)
ni clandestinement, ni précairement.

— Il y eut même deux servitudes de fonds ruraux, la servitude de passage et la servitude d'aqueduc, qui furent ainsi
protégées par le droit prétorien ; et, pour cette dernière du
moins, nous savons que le droit prétorien fut confirmé
aussi par le droit impérial : « *Si quis servitutem jure impo-*
                                  Si quelqu'un n'a pas une servitude

---

(1) Digeste, livre 8, titre 2, fragment 20, principium.
(2) Code de Justinien, livre 3, titre 34, fragment 1.
(3) Voyez M. Ortolan, Explication des Instituts de Justinien, tome 1, page 443.

sitam non habeat, habeat autem velut longæ possessionis
légalement imposée, mais qu'il ait comme la prérogative d'une longue
prærogativam ex eo quod diu usus est servitute, interdicto
possession parce qu'il a longtemps usé de la servitude, il peut user
hoc uti potest (1). » (de l'interdit « *De itinere actuque pri-*
de cet interdit.   Du passage et de la conduite
vato (2). ») « *Si quis diuturno usu et longa quasi possessione*
privée.   Si quelqu'un par usage prolongé et une longue quasi-pos-
jus aquæ ducendæ nactus sit, non est in ei necesse docere
session a acquis un droit d'aqueduc, il ne lui est pas nécessaire de dé-
de jure qua aqua constituta est, veluti ex legato, vel alio
clarer de quel droit l'aqueduc a été constitué, comme par legs, ou par un
modo, sed utilem habet actionem ut ostendat, per annos forte
autre mode, mais il a une action utile afin de montrer que, en ayant usé
tot usum, se non vi, non clam, non
par exemple pendant tant d'années, il n'a possédé ni violemment, ni clan-
precario possedisse (3). » « *Scævola respondit, solere*
destinement, ni précairement.   Scévola répondit que ceux qui
eos qui juri dicundo præsunt, tueri ductus aquæ quibus
président à la juridiction ont la coutume de protéger les aqueducs
auctoritatem vetustas daret, tametsi jus non proba-
auxquels l'ancienneté donnerait de l'autorité, quoique le droit ne fût pas
retur (4). » « *Ductus aquæ, cujus origo memoriam ex-*
prouvé.   Un aqueduc, dont l'origine a dépassé le souvenir, est
cessit, jure constituti loco habetur (5). » (6). « *Si aquam per*
regardé comme légalement constitué.   Si tu as conduit
possessionem Martialis, eo sciente, duxisti, servitutem
de l'eau à travers la possession de Martial, lui le sachant, tu as acquis par

---

(1) Digeste, livre 43, titre 19, fragment 5, § 3 ; Voyez encore Digeste, livre 8, titre 4, fragment 15.

(2) Digeste, livre 43, titre 19.

(3) Digeste, livre 8, titre 5, fragment 10, principium.

(4) Digeste, livre 39, titre 3, fragment 26.

(5) Digeste, livre 43, titre 20, fragment 3, § 4.

(6) Voyez encore Digeste, livre 39, titre 3, fragment 1, § 23 ; et Code de Théodose, livre 15, titre 2, constitution 6.

exemplo rerum immobilium tempore quæsiti.... (1). » (2):
le temps une servitude à l'exemple des choses immobilières.....

Tous ces textes demandent seulement que la possession ne
soit ni violente, ni clandestine, ni précaire, et qu'elle dure
depuis longtemps ; ils n'exigent pas qu'elle ait une juste
cause ; ils ne fixent pas non plus le temps qu'elle doit
durer ; on devait sans doute prendre en considération, pour
l'apprécier, la nature des servitudes et les circonstances (3).
Quelques commentateurs se demandent cependant si du
dernier texte que nous venons de citer et qui est tiré d'une
constitution d'Antonin, il ne résulte pas que les servitudes
réelles ont été complétement assimilées par cet empereur,
quant à leur acquisition par l'usage, aux choses corporelles
immobilières, et si conséquemment il n'a pas été, dès ce moment, nécessaire pour elles que toutes les conditions ordinaires fussent remplies, qu'il y eût usage, c'est-à-dire possession, bonne foi au commencement de cette possession, juste
cause d'acquisition, c'est-à-dire un fait conforme au droit
et ayant pour but de faire acquérir, et de plus que cet
usage, que cette possession eût duré dix ans entre présents
et vingt ans entre absents. Justinien lui-même, enfin, ne
tranche pas d'une manière parfaitement claire et précise
cette question relativement aux servitudes : « *Cum in longi*
Comme dans la

temporis præscriptione », dit-il, « *tres emergebant veteri-*
prescription de long temps   trois incertitudes s'élevaient
bus ambiguitates : prima   propter   res, ubi positæ
pour les anciens : la première à cause des choses, où elles sont
sunt ; secunda propter personas, sive utriusque, sive
situées ; la seconde à cause des personnes, si c'est de l'une i de l'autre
alterutrius   præsentiam   exigimus ; et tertia, si
ou de l'une des deux, que nous exigeons la présence ; et la troisième, si

____

(1) Code de Justinien, livre 3, titre 34, constitution 2.

(2) Voyez M. Ortolan, Explication des Instituts de Justinien, tome I, pages 423
et 424.

(3) Voyez M. Ortolan, Explication des Instituts de Justinien, tome I, page 24.

9.

in eadem provincia, vel in eadem civitate debent esse
c'est dans la même province ou dans la même cité, que doivent être les
personæ tam petentis, quam possidentis, et res pro qui-
personnes tant du réclamant que du possesseur, et les choses pour lesquelles
bus certatur : omnes (eas) præsentis legis amplectimur
on conteste : nous les comprenons toutes dans les termes de la
definitione, ut nihil citra eam relinquatur. Sancimus
présente loi, afin que rien ne soit laissé en dehors d'elle. Nous ordon-
itaque debere in hujusmodi specie utriusque per-
nons donc qu'on doit dans une espèce de cette sorte considérer le domicile
sonæ, tam petentis quam possidentis, spectari domicilium ;
de l'une et de l'autre personne, tant du réclamant que du possesseur :
ut tam is qui dominii vel hypothecæ
de manière que aussi bien celui qui introduit la question de la propriété
quæstionem inducit, quam is qui res possidet, domici-
ou de l'hypothèque, que celui qui possède les choses, ait son
lium habeat in uno loco, id est, in una pro-
domicile dans un seul lieu, c'est-à-dire, dans une seule pro-
vincia : hoc etenim magis nobis eligendum videtur, ut
vince : car il nous semble qu'on doit plutôt choisir que le domicile
non civitate concludatur domicilium, sed magis provincia :
soit renfermé non dans la cité, mais plutôt dans la province :
et si uterque domicilium in eadem habeat provincia,
et que, si l'un et l'autre ont leur domicile dans la même province,
causam inter præsentes esse videri, et decennii magis
la cause paraisse avoir lieu entre présents, et que le demandeur soit
præscriptione agentem excludi. De rebus autem
plutôt repoussé par la prescription de dix ans ; — Or, quant aux choses
de quibus dubitatio est, nulla erit differentia, sive in
sur lesquelles il y a doute, il n'y aura aucune différence, qu'elles
eadem provincia sint, sive in vicina, vel trans
soient dans la même province, ou dans une province voisine, ou situées au
mare positæ, vel longo spatio separatæ. Sin autem non
delà de la mer, ou séparées par un long espace ; — mais que, s'ils n'ont
in eadem provincia uterque domicilium habeat, sed alter
pas, l'un et l'autre, leur domicile dans la même province, mais l'un

in alia, alius in altera, tunc ut inter absentes causam
dans une, l'autre dans une autre, alors la cause soit débattue comme
disceptari, et locum esse viginti annorum exceptioni. Nihil
entre absents, et qu'il y ait lieu à l'exception de vingt ans. Car
enim prohibet, sive in eadem provincia res constitutæ
rien n'empêche, soit que les choses soient situées dans la même pro-
sint, sive in alia, super his controversiam in ju-
vince, ou dans une autre, que la controverse sur elles s'agite dans
dicio provinciali moveri, et multo magis in hac florentis-
un tribunal provincial, et surtout dans cette cité très-
sima civitate..... Sit igitur secundum hunc definitionem
florissante...... Que cette cause donc soit ordonnée avec la plus
causa perfectissime composita et nemo posthac
grande perfection d'après cette explication, et que personne désormais
dubitet, neque inter præsentes, neque inter absentes, quid
ne doute, ni entre présents, ni entre absents, de ce
statuendum sit, ut bono initio possessionem
qu'il faut décider, de manière que, par le bon commencement de celui qui
tenentis, et utriusque partis domicilio requisito,
a la possession, et par le domicile requis de l'une et de l'autre des parties,
sit expedita quæstio pro rebus ubicunque positis; nulla
la question soit résolue pour les choses situées n'importe où ; sans
scientia vel ignorantia exspectanda, ne altera dubitatio-
regarder à la connaissance ou à l'ignorance, de peur qu'il ne s'élève
nis inextricabilis oriatur occasio. Eodem obser-
une autre occasion de doute inextricable. Les mêmes règles doivent être
vando, et si res non soli sint, sed in-
observées, même si les choses sont, non immobilières, mais des choses
corporales, quæ in jure consistunt, veluti ususfructus, et
incorporelles, qui consistent dans le droit, comme l'usufruit et
cæteræ servitutes (1). » (2)
les autres servitudes.

---

(1) Code de Justinien, livre 7, titre 33, constitution 12.
(2) Voyez M. Ortolan, Explication des Instituts de Justinien, tome I, page 421.

§ 7. — LA TRADITION ET LA QUASI-TRADITION.

58. Nature de la tradition et de la quasi-tradition.

La tradition (*traditio*) consiste simplement dans le fait,
par une personne, de remettre, de livrer (*tradere*) volon-
tairement une chose à une autre personne. Elle est conséquemment, en elle-même, la translation de la possession
de cette chose.

Elle est, de plus, dans certains cas, un moyen de transférer, en même temps, la propriété de cette chose : « *Singu-*
larum rerum dominia nobis adquiruntur............ tradi-
tione........ (1). » La pro-
priété des choses particulières nous est acquise............ par la
tradition......
C'est un mode d'acquisition, non du
droit civil, mais du droit des gens ; aussi, quant aux personnes, peut-il être employé par les étrangers : il suffit que
l'aliénateur soit propriétaire de la chose, et qu'il ait la
capacité d'aliéner. Mais, quant aux choses, pour que la
tradition en transfère la propriété, il faut d'abord qu'il
s'agisse d'une chose de non-mancipation : « *Traditio*
propria est alienatio rerum nec mancipi. Harum
La tradition
est l'aliénation propre des choses de non-mancipation. Nous ac-
rerum dominia ipsa traditione adprehendimus, scilicet
quérons la propriété de ces choses par la tradition, bien entendu,
si ex justâ causâ traditæ sunt nobis (2). » or on ap-
si elles nous ont été livrées pour une juste cause.
pelle juste cause un fait conforme au droit et indiquant
l'intention de transférer la propriété ; il faut ensuite qu'il
s'agisse de choses corporelles : « .... *res nec* (man-
..... les choses de non-manci-

---

(1) ULPIEN, Règles, titre 19, § 2.
(2) ULPIEN, Règles, titre 19, § 7.

cipi nuda traditione abalienari possunt), si modo

peuou peuvent être aliénées par la tradition seule, si toutefois

corporales sunt, et ob id recipiunt traditionem (1). »,

elles sont corporelles, et à cause de cela admettent la tradition.

car « *Incorporales (res) traditionem non recipere manifes-*

Il est manifeste que les choses incorporelles n'admettent pas de

tum est (2). » (3) la tradition, en effet, est la transmission

tradition.

de la possession ; et, puisque la détention est un des éléments de la possession, la possession ne peut véritablement
avoir lieu que pour les choses corporelles, qui seules sont
susceptibles d'être détenues : « *Possideri autem possunt*

Or peuvent être possédées

quæ sunt corporalia (4). » (5)

les choses qui sont corporelles.

Pour les choses corporelles, la possession se compose de
deux éléments, le fait de détenir la chose, et l'intention
d'en être propriétaire, de l'avoir comme maître. Pour les
choses incorporelles, pour les droits, lorsque les deux éléments analogues se rencontrent aussi, le fait d'exercer ce
droit, et l'intention de l'exercer comme maître, on dit qu'il
y a, en quelque sorte, possession de ce droit, qu'il y a
quasi-possession (*quasi-possessio*) : « .... *fundi possessio-*

.... la possession d'un

nem, vel ususfructus quasi possessionem..... (6) » (7) ; et

fonds, ou la quasi-possession d'un usufruit.....

lorsque quelqu'un livre, pour ainsi dire, l'exercice de ce

---

(1) Gaïus, Institutions, Commentaire 2, § 19.

(2) Gaïus, Institutions, Commentaire 2, § 28.

(3) Voyez M. Ortolan, Généralisation du droit romain, n° 79, et Explication des Instituts de Justinien, tome I, page 341 ; et M. Pellat, Principes du droit romain sur la propriété et sur l'usufruit, n° 13.

(4) Digeste, livre 41, titre 2, fragment 3, principium.

(5) Voyez M. Ortolan, Explication des Instituts de Justinien, tome I, page 860.

(6) Digeste, livre 4, titre 6, fragment 23, § 2; voyez encore Digeste, livre 8, titre 5, fragment 10, principium.

(7) Voyez M. Ortolan, Explication des Instituts de Justinien, tome I, page 860.

droit, c'est-à-dire laisse exercer ce droit, souffre qu'on l'exerce, on dit qu'il y a, en quelque sorte, tradition de ce droit, qu'il y a quasi-tradition (1); on dit même souvent, par abréviation, qu'il y a tradition.

89. Établissement des servitudes par la tradition ou par la quasi-tradition.

Il est évident que les servitudes ne peuvent pas être établies directement par la tradition proprement dite, puisque ce sont des choses incorporelles (2).

Elles ne peuvent pas davantage, en principe, et dans le véritable droit romain, être établies directement par la quasi-tradition ; car, dans la rigueur de ce droit, la tradition, mode d'acquisition du droit des gens, pouvait bien transférer la propriété des choses qui ne sont pas de mancipation, mais il fallait un mode du droit civil pour établir les servitudes, soit personnelles, soit réelles, alors même que ces servitudes devaient porter sur des choses de non-mancipation : c'est ce que nous apprend, spécialement pour l'usufruit, le texte suivant : « ..... *civili..... actione constitui* ..... il peut être constitué par un acte *potest, non traditione, quæ juris gentium est* (3). » (4) civil, non par la tradition, qui est du droit des gens.

Et, non-seulement la tradition ou la quasi-tradition ne peut pas établir directement une servitude; mais un propriétaire ne peut même pas en établir indirectement, en faisant tradition d'une chose de non-mancipation, et en re-

---

(1) Voyez M. Ortolan, Explication des Instituts de Justinien, tome I, page 600.

(2) Voyez M. Pellat, Principes du droit romain sur la propriété et sur l'usufruit, n° 56.

(3) Fragments du droit romain, dits du Vatican, § 47.

(4) Voyez M. Ortolan, Explication des Instituts de Justinien, tome I, page 425, note; et M. Pellat, Principes du droit romain sur la propriété et sur l'usufruit, n° 63, note.

tenant, en même temps, une servitude à son profit. Le commencement du texte que nous venons de citer le dit formellement pour l'usufruit, et il doit évidemment être généralisé
et appliqué sans distinction à toutes les servitudes : « ... *In re*
.... Pour une

nec   mancipi per traditionem deduci ususfructus non
chose de non-mancipation, l'usufruit ne peut pas être déduit au moyen

potest...   civili enim actione constitui potest, non
de la tradition..... car il peut être constitué par un acte civil, non

traditione   quæ juris gentium est (1). » (2). Même plu-
par la tradition, qui est du droit des gens.

sieurs années après la publication (en 1823) de ce texte, un
auteur, ordinairement très-exact, enseignait encore en ces
termes, qu'une servitude véritable peut être établie, en la
retenant au moment de la tradition : « Il existait, pour con-
« stituer les servitudes, plusieurs moyens introduits par le
« droit civil... D'après le droit des gens, on peut constituer
« aussi les mêmes droits, lorsque le propriétaire de plusieurs
« héritages aliène l'un d'eux, et, par une clause de la tradi-
« tion, qui sépare les propriétés, convient qu'il existera, d'un
« fonds à l'autre, une servitude quelconque; ou lorsque,
« en aliénant sa chose, un propriétaire s'en réserve l'usu-
« fruit, et transfère seulement la nue-propriété... (3) » Mais
cet auteur a ensuite reconnu son erreur et enseigné le contraire (4). (5). Cette doctrine n'est plus contestée
aujourd'hui.

Cependant, quelque constant que fût ce principe, la ju-

<hr>

(1) Fragments du droit romain, dits du Vatican, § 47.

(2) Voyez M. Ortolan, Explication des Instituts de Justinien, tome I, page 425, note; et M. Pellat, Principes du droit romain sur la propriété et sur l'usufruit, n° 63.

(3) Du Caurroy, Instituies expliquées, 5ᵉ édition (1836), n° 432.

(4) Voyez Du Caurroy, Institutes expliquées, 6ᵉ édition (1841) nᵒˢ 423 et 455, et 7ᵉ édition (1846), nᵒˢ 423 et 455.

(5) Voyez M. Pellat, Principes du droit romain sur la propriété et sur l'usufruit, note sur le n° 63.

risprudence et le droit prétorien ont fini par admettre la
quasi-tradition, comme établissant, jusqu'à un certain
point, sur les fonds provinciaux, le droit réel de servitude,
tel du moins qu'il pouvait exister sur ces fonds, et par protéger ce droit au moyen des institutions prétoriennes, et
spécialement des interdits utiles possessoires et de l'action
publicienne : « .... *Ego puto usum ejus juris pro*
... Moi, je pense que l'usage de ce droit doit être

traditione accipiendum esse. Ideoque et
pris pour la tradition de la possession. Et, c'est pour cela aussi que les

interdicta veluti possessoria constituta sunt (1). » « *Si de*
interdits quasi-possessoires ont été constitués. Si la

usufructu agatur traditio ; Publiciana datur.
tradition se fait relativement à l'usufruit, la publicienne est donnée.

Itemque de servitutibus urbanorum prædiorum, per tradi-
Et de même pour les servitudes d'héritages urbains, constituées par tradi-

tionem constitutis, vel per patientiam, forte si per domum
tion ou par tolérance ; par exemple, si quelqu'un

quis suam passus est aquæductam transduci. Item
a souffert qu'un aqueduc fût conduit à travers sa maison. De même

rusticorum : Nam et hic traditionem, et
pour les servitudes d'héritages rustiques. Car alors aussi il est constant

patientiam tuendam constat (2). » C'est à là
que la tradition et la tolérance doivent être protégées.

quasi-tradition encore que fait allusion la constitution suivante, relative à l'établissement des servitudes dans les provinces : « *Et in provinciali prædio constitui servitus*
Dans un héritage provincial aussi, une servitude d'aqueduc

aquæductus vel aliæ servitutes possunt, si ea præcesse-
ou d'autres servitudes peuvent être constituées, si ces choses, qui

---

(1) Digeste, livre 8, titre 1, fragment 20.
(2) Digeste, livre 6, titre 2, fragment 11, § 1.

...nt quæ servitutes constituunt; tueri enim placita inter constituent les servitudes, ont précédé; car, ce qui a plu entre *contrahentes debent......* (1). » (2). contractants, doit être protégé.

Pour les fonds situés en Italie, le principe fut maintenu, du moins pendant fort longtemps : il fallait un mode du droit civil pour l'établissement des servitudes; et néanmoins il est probable que peu à peu les institutions prétoriennes, destinées d'abord exclusivement aux fonds provinciaux, furent appliquées aussi même aux fonds italiques, et qu'on trouva commode, dans bien des cas, d'établir, en Italie, des servitudes, personnelles ou réelles, simplement au moyen soit de la quasi-tradition de la servitude, soit de pactes qui en fissent réserve dans la tradition d'un fonds, sauf à ce que ces droits ne fussent protégés que, comme ils l'auraient été dans les provinces, par la juridiction du préteur. — Et d'abord, quant à la quasi-tradition de la servitude, c'est ce que semblent indiquer les textes suivants : à ...... *Amitti autem usumfructum (capitis minutione* ...... Or il est constant que l'usufruit se perd par la diminution de *constat).... (Et parvi) refert, utrum jure sit constitu(us* tête.... Et peu importe que l'usufruit soit constitué *ususfructus, an vero tuitione prætoris: proinde traditus* légalement où par la protection du préteur : par conséquent, *quoque ususfructus, sci)licet in fundo stipendia(rio vel tri-* l'usufruit livré, sur un fonds stipendiaire, par exemple, ou tri *butario, item in fundo vectigali vel superficie, non) jure* butaire, de même sur un fonds imposé ou une superficie, non légalement *constitutus, capitis min(utione amittitur).... (3) » « Tra-* constitué, se perd aussi par la diminution de tête.... Certai-

---

(1) Code de Justinien, livre 3, titre 34, Constitution 5.

(2) Voyez M. Ortolan, Explication des Instituts de Justinien, tome I, pages 426 et 427.

(3) Fragments de droit romain, dits du Vatican, § 61; Voyez encore Digeste, livre 7, titre 4, fragment 1, principium.

ditio plane, et patientia servitutum inducet officium
nement la tradition et la tolérance des servitudes introduiront l'office du
prætoris(1).»(2). Cette quasi-tradition ne pouvait s'appliquer
préteur.

qu'aux servitudes positives; les servitudes négatives, n'étant
pas même susceptibles de quasi-possession, ne l'étaient pas
non plus de quasi-tradition; et conséquemment elles ne
pouvaient pas être établies par ce moyen (3).

Quant aux pactes faisant réserve de la servitude dans la
tradition d'un fonds, voici encore des textes qui nous indiquent ce moyen : « *Et qui duas areas habeat, alteram*
Et celui qui aurait deux terrains, en livrant

tradendo, servam alteri efficere potest (4). » « *Duorum*
l'un, peut le rendre asservi à l'autre.   Si le

prædiorum dominus si alterum ea lege tibi dederit, ut
propriétaire de deux héritages t'en donne un sous cette condition, que

id prædium quod datur serviat ei quod ipse retinet, vel
cet héritage qui est donné soit asservi à celui qu'il retient lui-même, ou le

contra, jure imposita servitus intelligitur (5). » « *Si quis*
contraire, la servitude paraîtra légalement imposée.   Si quel-

duas ædes habeat, et alteras tradet, potest legem
qu'un a deux maisons,   et qu'il en livre une,   il peut dire, comme

traditioni dicere,   ut vel istæ quæ non traduntur,
condition à la tradition,   que, ou celle qui n'est pas livrée

servæ sint his quæ traduntur, vel   contra, ut traditæ
soit asservie à celle qui est livrée, ou, au contraire, que celle qui est

retentis   ædibus   serviant. Parvique refert vicinæ sint
livrée soit asservie à la maison retenue. Et peu importe que les deux

ambæ   ædes,   an   non. Idem erit et in prædiis
maisons soient voisines ou non.   Il en sera ce même aussi pour les

---

(1) Digeste, livre 8, titre 3, fragment 1, § 2.
(2) Voyez M. Ortolan, Explication des Instituts de Justinien, tome I, page 427.
(3) Voyez M. Ortolan, Explication des Instituts de Justinien, tome I, page 427.
(4) Digeste, livre 8, titre 2, fragment 34.
(5) Digeste, livre 8, titre 4, fragment 3.

rusticis.   Nam et si quis duos fundos habeat, alium
héritages rustiques.   Car encore si quelqu'un a deux fonds, il peut

alii potest servum facere, tradendo.   Duas autem
rendre l'un asservi à l'autre,   en le livrant.   Mais, en livrant

ædes simul tradendo, non potest efficere alteras alteris
en même temps deux maisons, il ne peut pas rendre l'une asservie

servas : quia neque adquirere alienis ædibus servitutem,
à l'autre, parce qu'il ne peut ni acquérir une servitude

neque imponere potest (1). »
pour la maison d'autrui, ni en imposer.

Nous avons vu (n° 42) que ces pactes auraient pu être insérés, non dans la tradition, mais dans le contrat de vente qui précède souvent la tradition, et qu'alors, s'ils n'étaient pas insérés de nouveau dans la tradition, celui auquel la servitude serait due, pourrait la réclamer, soit par l'action de vente ou l'action d'achat, soit par la condiction indéterminée (2).

Sous Justinien, la mancipation et la cession juridique sont abolies (3) : dans tous les cas, la tradition suffit pour transférer la propriété, et la quasi-tradition, pour établir les servitudes, les servitudes positives du moins qui seules en sont susceptibles (4) ; et, lorsque, dans la tradition d'un fonds, il intervient un pacte, par lequel l'aliénateur se réserve une servitude au profit d'un autre fonds, ou, au contraire, ajoute au fonds qu'il aliène une servitude sur le fonds qu'il retient, cette servitude est, dès ce moment, parfaitement établie comme droit réel, car c'est diminuée

---

(1) Digeste, livre 8, titre 4, fragment 6, principium.

(2) Voyez M. Ortolan, Explication des Instituts de Justinien, tome I, pages 422 et 423.

(3) Voyez Code de Justinien, livre 7, titre 25 et titre 31 ; M. Ortolan, Explication des Instituts de Justinien, tome I, page 421 ; et M. Pellat, Principes du droit romain sur la propriété et sur l'usufruit, n° 53.

(4) Voyez M. Ortolan, Explication des Instituts de Justinien, tome I, page 425.

ainsi ou ainsi augmentée, que la propriété du fonds a été transférée par la tradition. (1).

Tels étaient les divers modes d'établissement des servitudes réelles en droit romain.

(1) Voyez M. Ortolan, Explication des Instituts de Justinien, tome I, page 422.

Rappelons, en terminant cette première partie, que, dans notre pensée (n° 12), les trois chapitres précédents, sur la Nature, les Divisions, et l'Établissement des servitudes réelles en droit romain, devraient être suivis, afin de former un traité complet des servitudes réelles en droit romain, de trois autres chapitres ainsi intitulés :

Chapitre IV. — Des Effets des servitudes réelles.

Chapitre V. — De l'Extinction des servitudes réelles.

Chapitre VI. — De la Garantie des servitudes réelles.

TABLE DES MATIÈRES.

INTRODUCTION.

PREMIÈRE PARTIE. — DROIT ROMAIN.

CHAPITRE PREMIER. — DE LA NATURE DES SERVITUDES RÉELLES.

CHAPITRE II. — DES DIVISIONS DES SERVITUDES RÉELLES.

SECTION PRÉLIMINAIRE.

SECTION PREMIÈRE.

§ 1.

§ 2.

SECTION II.

§ 1.

§ 2.

CHAPITRE III. — DE L'ÉTABLISSEMENT DES SERVITUDES RÉELLES.

SECTION PREMIÈRE.

SECTION II.

SECTION III.

§ 7. — *La tradition et la quasi-tradition.*

SECONDE PARTIE.

DROIT FRANÇAIS.

DES SERVITUDES RÉELLES.

SECONDE PARTIE.

DES SERVITUDES RÉELLES

EN DROIT FRANÇAIS.

CHAPITRE PREMIER.

De la Nature des servitudes réelles.

1. Définition et importance des servitudes réelles (1).

Le Code Napoléon définit ainsi les servitudes réelles : « *Une servitude* » (nous avons expliqué (tome I, n° 10) pourquoi le législateur français désigne, par le mot *servitudes*, uniquement les *servitudes réelles*), « *une* « *servitude est une charge imposée sur un héritage* « *pour l'usage et l'utilité d'un héritage appartenant* « *d un autre propriétaire* (2). » Cet article considère la servitude réelle au point de vue passif, par rapport au fonds qui la doit (3).

(1) Voyez tome I, n° 13.
(2) Code Napoléon, article 637.
(3) Voyez MM. De Cazanov, Rossin et Roustain, Commentaire du Code civil, tome II, n° 261.

Si, au contraire, on se place au point de vue actif ; si, de plus, on remarque que ces mots : « ... *pour l'usage et l'utilité* ... » forment pléonasme, et que souvent c'est, non point, à proprement parler, une utilité véritable, mais simplement un agrément que procure la servitude (1), on peut dire, comme nous l'avons fait dans notre première partie, qu'une servitude réelle est *un démembrement de la propriété, un droit réel, établi sur un immeuble pour l'utilité ou l'agrément d'un immeuble appartenant à un autre propriétaire.*

« Les servitudes », dit le tribun Albisson, « sont
« d'une importance majeure dans la législation civile.
« Elles tiennent doublement au droit de propriété
« qu'elles modifient et atténuent en quelque sorte dans
« le fonds assujetti, tandis qu'elles l'améliorent dans
« celui auquel le service est dû. À ce titre seul qui les
« rattache à cette base fondamentale de l'ordre social,
« elles auraient éminemment droit à l'attention et à
« la sollicitude du législateur, quand elles ne les ré-
« clameraient pas sous d'autres rapports bien intéres-
« sants (2). »

Cette importance est d'autant plus grande que les servitudes réelles sont extrêmement fréquentes : le grand nombre de ces droits tient à ce que l'avantage qu'ils procurent aux fonds au profit desquels ils existent est, presque toujours, très-considérable, tandis que le préjudice qu'ils causent aux fonds sur lesquels ils portent est comparativement minime. « L'agriculture

---

(1) Voyez M. DEMOLOMBE, Cours de Code Napoléon, tome XII, n° 655; et MARCADÉ, Cours de Droit civil français, explication de l'article 637.

(2) ALBISSON, Rapport fait au Tribunat, le 28 janvier 1804, sur le titre « Des Servitudes ou Services fonciers. » (Voyez FENET, Travaux préparatoires du Code civil, tome XI, page 315.)

« seule », dit encore Albisson, « vraie nourricière du
« genre humain, languirait souvent sans les secours
« qu'elle tire des servitudes (1). » L'industrie et toutes les différentes relations de voisinage réclament aussi
très-souvent l'établissement de servitudes réelles (2).

2. Sujets des Servitudes réelles (3).

Le sujet actif de ce droit, c'est la personne quelconque propriétaire du fonds en faveur duquel est
établie la servitude;

Le sujet passif de ce droit, c'est la personne quelconque propriétaire du fonds sur lequel est établie
la servitude;

Et peu importe que ces personnes changent; c'est
uniquement à cette qualité de propriétaire qu'il faut
s'attacher pour reconnaître le sujet actif et le sujet
passif de ce droit (4).

C'est parce que ces servitudes semblent ainsi attachées aux choses (en latin, *res*) plutôt qu'aux personnes, que, par opposition aux servitudes personnelles, on les a appelées des *servitudes réelles*.

3. Les servitudes réelles ne s'appliquent qu'à des immeubles (5).

Ces choses sont nécessairement des immeubles, des
héritages, des fonds. A la différence des servitudes

---

(1) ALBISSON, Rapport fait au Tribunat, le 28 janvier 1804, sur le titre « Des
Servitudes ou Services fonciers. » (Voyez FENET, Travaux préparatoires du
Code civil, tome XI, page 315.)

(2) Voyez M. DEMOLOMBE, Cours de Code Napoléon. tome XI, n° 1.

(3) Tome I, n° 14.

(4) Voyez M. ORTOLAN, Explication des Instituts de Justinien, tome I,
pages 411 et 412.

(5) Voyez tome I, n° 13

1.

personnelles, ces servitudes ne peuvent pas s'appliquer à des choses mobilières : elles constituent, en
effet, des relations entre deux choses, pour ainsi dire
(n° 2), et des relations qui, de leur nature, sont permanentes (n° 11), tandis que les servitudes personnelles constituent, au contraire, des relations entre
une personne et une chose, et des relations temporaires. Si les servitudes réelles étaient établies sur des
meubles, il serait trop facile d'en empêcher l'exercice
par le déplacement des meubles eux-mêmes; les immeubles seuls ont assez de fixité pour le maintien de
ces relations permanentes entre deux choses. Aussi
lisons-nous dans la définition que nous avons citée :
« *Une servitude est une charge imposée* SUR UN HÉRI-
» TAGE *pour l'usage et l'utilité* D'UN HÉRITAGE... (1) » (2)

C'est pour cela qu'on les appelle encore *servitudes
prédiales* (du mot latin *prædium*, qui signifie *héritage*); et que le Code Napoléon les désigne aussi sous
le nom de *services fonciers*, dans deux de ses articles
(3) et dans la rubrique du titre qui leur est consacré :
« *Des Servitudes ou Services fonciers* (4). »

4. Ces immeubles doivent être au nombre de deux, et voisins (5).

Ces immeubles, ces fonds doivent être au nombre
de deux : « *Une servitude est une charge imposée sur*

------

(1) Code Napoléon, article 637.
(2) Voyez M. Félix BERRIAT-SAINT-PRIX, Notes sur le Code civil, n° 2218 3°;
M. DURANTON, Cours de Code Napoléon, tome XI, n° 2; et M. ORTOLAN,
Explication des Instituts de Justinien, tome I, page 411.
(3) Voyez Code Napoléon, articles 526 et 543.
(4) Voyez Code Napoléon, rubrique du titre 4 du livre 2.
(5) Voyez tome I, n° 16.

« *un héritage pour l'usage et l'utilité d'un héri-*
« *tage...* (1). »

Il faut que ces fonds soient voisins, car il n'y aurait aucun avantage à établir une servitude sur un
fonds trop éloigné du fonds qui devrait en profiter,
et nous verrons (n° 6) que toute servitude qui ne
procure pas à un fonds quelque utilité ou quelque
agrément, ne peut pas exister. Mais ce rapport de
voisinage varie suivant les diverses servitudes: il suffit
d'une proximité telle que la servitude particulière
que l'on se propose d'établir puisse s'exercer. Souvent il faudra que les deux fonds soient contigus, par
exemple, si la servitude consiste dans le droit qu'a
l'un des propriétaires d'appuyer sa poutre dans le
mur de l'autre, de laisser tomber l'eau de son toit sur
le fonds de l'autre, etc.; mais quelquefois la distance
pourra être assez considérable entre les deux fonds,
par exemple, si la servitude consiste dans le droit
qu'a l'un des propriétaires de passer lui-même sur le
fonds de l'autre, d'y faire passer de l'eau, etc. (2).

8. Fonds dominant; fonds servant.

Le fonds qui doit la servitude est souvent désigné,
dans le langage des jurisconsultes, sous le nom de
fonds servant; celui à qui elle est due, sous le nom
de *fonds dominant.* Mais, de même que le législateur
a évité d'employer l'expression de *servitude person-*
nelle, de même que, pour les servitudes réelles, il a

---

(1) Code Napoléon, article 637.

(2) Voyez M. Félix Berriat-Saint-Prix, Notes sur le Code civil, n° 2218 2°;
M. Demolombe, Cours de Code Napoléon, tome XII, n° 691; et M. Ortolan,
Explication des Instituts de Justinien, tome I, pages 119 et 120.

quelquefois ajouté ou substitué au mot *servitudes* la dénomination de *services fonciers* (Voyez tome I, n° 10), de même, il a évité d'employer les mots *fonds dominant* et *fonds servant;* à peine ose-t-il qualifier le fonds qui doit la servitude, de « *fonds asservi* (1), » « *fonds assujetti* (2) ». Bien plus, il a soin de dire formellement : « *La servitude n'établit aucune préémi-* « *nence d'un héritage sur l'autre* (3). » C'est toujours afin d'éloigner tout souvenir du régime de la féodalité.

Sous ce régime, les qualifications de *dominants* et de *servants* s'appliquaient aux fiefs, et indiquaient véritablement entre eux un rapport de supériorité et de dépendance : — « Le nom de Fief », dit Pothier, « se donne à la concession qui est faite à quelqu'un « d'un héritage ou d'un droit immobilier, pour être « tenu et possédé à la charge de la foi et hommage « (4). » « La foi et hommage était autrefois une pro- « messe solennelle que le vassal faisait à son seigneur « de lui être fidèle, et de le servir en guerre envers et « contre tous... Cette foi et hommage n'est... plus « aujourd'hui », dit toujours Pothier, « qu'une recon- « naissance solennelle de la tenure du fief (5). » « Ce « droit de seigneurie s'appelle *fief dominant*, lorsque « celui qui a donné un héritage à titre de fief, c'est- « à-dire à la charge de la foi et hommage, l'a démem- « bré d'un plus considérable dont il a retenu le « surplus; ce droit de seigneurie qu'il conserve sur « la partie démembrée qu'il a donnée à titre de fief,

---

(1) Code Napoléon, article 695.
(2) Code Napoléon, article 699.
(3) Code Napoléon, article 638.
(4) Pothier, Traité des fiefs, partie 1, chapitre préliminaire, § 1.
(5) Pothier, Traité des fiefs, partie 1, chapitre 1, prolégomènes.

« est attaché au corps d'héritage qu'il a retenu, le-
« quel en conséquence est appelé *fief dominant...*
« L'héritage qui a été concédé à la charge de la foi
« et hommage, et qui est tenu et possédé à cette
« charge, s'appelle *fief servant* (1). »

Mais, en 1789, la première Assemblée constituante
rend un décret qui porte: « *L'Assemblée nationale*
« *détruit entièrement le régime féodal...* (2) »; et, en
1791, elle en développe assez longuement les conséquences : « *Le territoire de la France, dans toute*
« *son étendue, est libre comme les personnes qui l'ha-*
« *bitent; ainsi toute propriété territoriale ne peut*
« *être sujette envers les particuliers qu'aux redevan-*
« *ces et aux charges, dont la convention n'est pas dé-*
« *fendue par la loi; et envers la nation, qu'aux con-*
« *tributions publiques établies par le Corps législatif,*
« *et aux sacrifices que peut exiger le bien général,*
« *sous la condition d'une juste et préalable indem-*
« *nité* (3). »

L'intention du législateur, en 1804, a été de consacrer formellement, dans la législation nouvelle, ce
principe proclamé depuis quelques années seulement.
L'orateur du gouvernement, présentant au Corps législatif le titre « *des servitudes ou services fonciers* »,
a soin de rappeler qu' « il ne s'agit point ici de ces
« prééminences d'un fonds sur l'autre qui prirent
« naissance dans le régime à jamais aboli des fiefs
« (4) »; et le tribun Albisson, dans son Rapport au
Tribunat sur le même titre, fait remarquer également

---

(1) POTHIER, Traité des fiefs, partie 1, chapitre préliminaire, § 1.

(2) Décret du 4 août 1789, article 1.

(3) Décret du 28 septembre-6 octobre 1791, titre 1, article 1.

(4) BERLIER, séance du 20 janvier 1804. (Voyez FENET, Travaux préparatoires
du Code civil, tome XI, page 304.)

que l'article que nous avons cité « achève la définition
« de la servitude, en prévenant toute arrière-pensée
« qui pourrait se porter sur cette désastreuse hiérar-
« chie foncière qui a déshonoré la législation fran-
« çaise jusqu'à la nuit mémorable du 4 août 1789.
« *La servitude*, y est-il dit, *n'établit aucune prédmi-
« nence d'un héritage sur l'autre* (1). » (2)

Nous conserverons néanmoins cette terminologie
usuelle, de *fonds dominants* et de *fonds servants*, comme
nous avons conservé celle de *servitudes personnelles*
et de *servitudes réelles*.

6. Les servitudes réelles doivent procurer un avantage (3).

Le fonds dominant doit nécessairement retirer de
la servitude réelle un certain avantage d'utilité ou d'a-
grément. « *Une servitude est une charge imposée* ...
« POUR L'USAGE ET L'UTILITÉ *d'un héritage* ... (4) »

Rappelons seulement que, ainsi que déjà nous avons
eu occasion de le dire (n° 1), les mots « *pour l'usage et
l'utilité* » forment pléonasme, et que souvent c'est simplement un agrément que procure la servitude.

Cet avantage, d'utilité ou d'agrément, consiste dans
un démembrement de la propriété du fonds servant,
dans un droit qui en est détaché pour être ajouté à la
propriété du fonds dominant.

Aussi les servitudes réelles, transférant ainsi à un
fonds une utilité ou un agrément qui naturellement

---

(1) ALBISSON, séance du 28 janvier 1801. (Voyez FENET, Travaux préparatoires
du Code civil, tome XI, page 818.)

(2) Voyez M. DEMOLOMBE, Cours de Code Napoléon, tome XI, n° 3; et
MM. DU CAURROY, BONNIER et ROUSTAIN, Commentaire du Code civil, tome II,
n° 262.

(3) Voyez tome XI, n° 17.

(4) Code Napoléon, article 637.

— 9 —

appartiendrait à un autre fonds, peuvent être considérées comme des maniéres d'être, comme des qualités,
avantageuses ou défavorables, des immeubles, au profit
desquels ou sur lesquels elles sont établies : « *Quid aliud*

Que sont
sunt   jura   prædiorum, quam prædia qualiter
autre chose les servitudes d'héritages, que les héritages se trouvant

que   des   qualités   des
se habentia, ut bonitas, salubritas, amplitudo? (1) » (2)
de telle manière, comme la bonté, la salubrité, l'étendue?
héritages,

Mais il n'est pas permis de déroger inutilement à
l'état normal de la propriété, et d'établir une servitude, s'il ne doit pas en résulter pour un fonds un
avantage quelconque.

La situation même des immeubles peut être telle que
cet avantage ne soit pas possible, et dès lors la servitude ne peut pas exister. Ainsi, s'il se trouvait entre les
deux fonds un terrain qu'on ne pût traverser, on ne
pourrait pas distribuer à l'un des fonds sur l'autre une
servitude de passage, car il serait impossible d'exercer
cette servitude. Ainsi encore, si, par suite de la distance qu'il y aurait entre deux fonds, ou d'un obstacle élevé, soit par la nature, soit par la main de
l'homme, de l'un de ces fonds on ne pouvait pas voir
l'autre, comme il n'y aurait alors aucun avantage pour
l'un des propriétaires à ce que l'autre ne bâtit pas sur
son fonds, ou n'élevât pas plus haut ses constructions,
on ne pourrait pas attribuer à l'un des fonds sur l'autre une pareille servitude.

_____

(1) Digeste, livre 20, titre 16, fragment 86.

(2) Voyez M. Félix Berriat-Saint Prix, Notes sur le Code civil, n° 2216;
M. Demolombe, Cours de Code Napoléon, tome XII, n° 669; et M. Ortolan,
Explication des Instituts de Justinien, tome I, page 412.

Il n'y aurait non plus aucun avantage à ce que le propriétaire d'un fonds ne pût le traverser, ni s'y arrêter, ni en recueillir les fruits; et, dès lors, cette servitude ne peut exister (1).

7. Une servitude réelle ne peut être établie qu'au profit d'un fonds (2).

Lors même que le droit concédé présenterait incontestablement une certaine utilité ou un certain agrément, et que ce serait à l'occasion d'un fonds, ce droit ne constituerait pas cependant une servitude réelle, si l'avantage qu'il procure est uniquement dans l'intérêt des personnes, mais ne facilite pas l'exploitation d'un fonds ou n'en rend pas le séjour plus agréable (3).

La définition, donnée par le Code Napoléon, et que nous avons déjà citée plusieurs fois, nous dit en effet: « *Une servitude est une charge imposée ... pour l'usage* « *et l'utilité* D'UN HÉRITAGE ... (4) » ; et, comme développement de cette pensée, le même Code ajoute, dans un autre article : « *Il est permis aux proprié-* » *taires d'établir ...* EN FAVEUR DE LEURS PROPRIÉTÉS, « *telles servitudes que bon leur semble, pourvu néan-* » *moins que les services établis ne soient imposés ni ...* « NI EN FAVEUR DE LA PERSONNE , *mais seulement ...* « POUR UN FONDS... (5) »

Ainsi le droit de passer sur un fonds peut être ac-

---

(1) Voyez M. DEMOLOMBE, Cours de Code Napoléon, tome XII, n° 691.

(2) Voyez tome I, n° 17.

(3) Voyez M. DEMOLOMBE, Cours de Code Napoléon, tome XII, n°ˢ 675, 679 et 681 ; MM. DU CAURROY, BONNIER et ROUSTAIN, Commentaire du Code civil, tome II, n°ˢ 261 et 310; et M. ORTOLAN, Explication des Instituts de Justinien, tome I, page 420.

(4) Code Napoléon, article 637.

(5) Code Napoléon, article 686.

cordé à telle personne déterminée, alors même qu'elle ne serait pas propriétaire d'un fonds voisin. Ce droit serait valable, mais ne constituerait pas une servitude réelle : ce serait une servitude personnelle (1).

Ainsi le droit de chasser ou de pêcher dans le fonds d'autrui peut être utile ou agréable à la personne à qui ce droit appartient, mais, cette personne serait-elle propriétaire d'un fonds voisin, ce droit ne présente aucun avantage pour la culture ou l'agrément du fonds en lui-même : c'est donc une servitude personnelle (2).

Ainsi encore « *Ut pomum decerpere liceat, et ut* Qu'il soit permis de cueillir du fruit, et de *spatiari, et ut cœnare in alieno possimus, servitus* se promener, et de dîner dans le fonds d'autrui, ne peut être *imponi non potest* (3). » Ce texte paraît dire que ce imposé comme servitude.

droit, non-seulement ne serait pas une servitude réelle, mais ne serait même pas une servitude personnelle : « ... *servitus imponi non potest* »; et, en effet, des ne peut être imposé comme servitude.

commentateurs du droit romain (4) n'y voient qu'un droit personnel. Mais nous pensons que, d'après la nature même de ce droit, il faut le reconnaître comme une sorte d'usage ou de jouissance, comme une servitude personnelle, et que, dans ce texte, comme dans beaucoup d'autres, il faut considérer le mot *servitus*

---

(1) Voyez M. Demolombe, Cours de Code Napoléon, tome XII, n° 674.

(2) Voyez M. Demolombe, Cours de Code Napoléon, tome XII, n° 688; MM. Du Caurroy, Bonnier et Roustain, Commentaire du Code civil, tome II, n° 811; et Marcadé, Cours de Droit civil français, explication de l'article 686, n° 2.

(3) Digeste, livre 8, titre 1, fragment 18, principium.

(4) Voyez M. Ortolan, Explication des Instituts de Justinien, t. I, p. 420.

(servitude) comme désignant spécialement les servitudes réelles (1).

8. Une servitude réelle ne peut être établie que sur un fonds.

Les mêmes articles du Code Napoléon indiquent aussi que, réciproquement, la servitude réelle ne peut être établie que sur un fonds : « *Une servitude est une* « *charge imposée* SUR UN HÉRITAGE... (2). » « *Il est per-* « *mis aux propriétaires d'établir* SUR LEURS PROPRIÉ- « TÉS ..., *telles servitudes que bon semble, pourvu* « *néanmoins que les services établis ne soient imposés* « NI A LA PERSONNE, *ni* ..., *mais seulement* A UN FONDS ... (3). »

Et, de même que, si l'avantage que l'on a voulu procurer, existe au profit d'une personne considérée en elle-même, cette disposition n'est point, par cela seul, illicite, et que la loi constate seulement que ce ne peut être une servitude réelle; de même, si les services que l'on a voulu établir. sont imposés à la personne, cette disposition non plus n'est point, par cela seul, illicite, et la loi constate seulement que ce ne peut pas davantage être une servitude réelle.

Mais, à la différence des services établis en faveur de la personne, qui, nous l'avons vu (n° 7), peuvent encore constituer, sinon des servitudes réelles, du moins des servitudes personnelles, les services impo- sés à la personne ne constituent aucune espèce de ser-

---

(1) Voyez M. DEMOLOMBE, Cours de Code Napoléon, tome XII, n° 687; et MM. Du CAURROY, BONNIER et ROUSTAIN, Commentaire du Code civil, n°° 340 et 341.

(2) Code Napoléon, article 637.

(3) Code Napoléon, article 686.

vitudes, de droits réels, mais seulement des droits personnels, des obligations.

Ainsi, en principe, « *Toute personne peut contrac-*
« *ter....* (1) » et spécialement « *Le louage d'ouvrage*
« *est un contract par lequel l'une des parties s'en-*
« *gage à faire quelque chose pour l'autre, moyennant*
« *un prix convenu entre elles* (2). » Le propriétaire
d'un fonds peut donc, en même temps qu'il établit
sur son fonds une servitude réelle, s'engager à rendre
tels ou tels services au propriétaire du fonds dominant,
par exemple, à labourer ses terres, à les ensemencer,
à faire sa moisson, à tailler ses arbres, à réparer ses
bâtiments, etc.; mais ce louage de services est complétement indépendant de l'établissement de la servitude;
il aurait pu le précéder ou le suivre, tout aussi bien
que lui être simultané; il pourrait exister seul sans
que la servitude fût établie; et conséquemment il produit, entre les contractants, des obligations, des droits
personnels, qui sont l'effet ordinaire des contrats, mais
il ne change nullement les rapports des deux fonds
entre eux, c'est-à-dire les droits respectifs des personnes qui se succéderont, pour une cause quelconque, dans la propriété de ces fonds. Seulement, si le
propriétaire du fonds dominant aliène ce fonds, il
pourra, en même temps, aliéner, céder cette créance,
soit expressément, soit tacitement (3).

Tout cela est tellement évident que, dans toute la
législation romaine, aucun texte n'élève même le moindre doute à ce sujet; et le Code Napoléon eût gardé le
même silence, s'il n'avait cru devoir formellement con-

---

(1) Code Napoléon, article 1123.
(2) Code Napoléon, article 1710.
(3) Voyez M. Demolombe, Cours de Code Napoléon, tome XII, n° 671.

sacrer de nouveau la complète abolition de certains assujettissements qui existaient sous le régime de la féodalité, qui n'étaient, par leur nature même, que des obligations, mais auxquels, pour leur donner plus d'énergie, on avait imposé la forme et fait produire les effets des servitudes réelles. La loi ne veut pas que tout propriétaire du fonds servant soit tenu, comme tel, de labourer le fonds dominant, de l'ensemencer, d'en faire la moisson, d'en tailler les arbres, d'en réparer les bâtiments, etc. En établissant une servitude réelle, en effet, le propriétaire du fonds servant aliène une partie de son droit de propriété, mais il ne s'oblige pas, car, aliènerait-il son droit tout entier, il ne s'obligerait pas encore (1); et, d'un autre côté, ces obligations contractées en dehors de l'établissement de la servitude réelle, ne diminuent en rien le droit de propriété du propriétaire du fonds servant, et conséquemment aucune fraction de ce droit n'en est détachée pour venir augmenter l'utilité ou l'agrément du fonds dominant considéré en lui-même. Ces obligations sont parfaitement valables, mais avec leur caractère vrai de droits personnels, et non avec le caractère mensonger de servitudes réelles (2).

D. Les servitudes réelles doivent n'être pas contraires à l'ordre public.

A bien plus forte raison, le législateur aurait-il pu se dispenser de rappeler, tant c'est évident, que, dans l'établissement d'une servitude réelle, comme dans

---

(1) Voyez M. Demolombe, Cours de Code Napoléon, tome XII, n° 676.

(2) Voyez M. Demolombe, Cours de Code Napoléon, tome XII, n° 675; MM. Du Caurroy, Bonnier et Roustain, Commentaire du Code civil, tome II, n° 839; et Marcadé, Cours de Droit civil français, explication de l'article 686.

tout autre acte, on doit ne troubler en rien l'organi-
sation de la société ni la sûreté générale. Et cependant, même après avoir posé ce principe : « *On ne*
« *peut déroger ... aux lois qui intéressent l'ordre pu-*
« *blic et les bonnes mœurs* (1). », il ajoute ici : « *Il est*
« *permis aux propriétaires d'établir ... telles servi-*
« *tudes que bon leur semble, pourvu ... et pourvu que*
« *ces services n'aient d'ailleurs rien de contraire à*
« *l'ordre public... (2).* »

Comme exemple de dispositions « *qui intéressent*
« *l'ordre public* », et auxquelles, par conséquent,
« *on ne peut déroger* », se trouvent les règlements
auxquels renvoie le Code Napoléon (3), et spécialement ceux qui concernent la construction des chemi-
nées (4) : comme, dans ce cas, il s'agit de prévenir les
incendies, ce qui, aux yeux du législateur, n'est pas
seulement un intérêt privé, mais tient à la sûreté générale, il est défendu d'établir une servitude réelle par
laquelle un propriétaire qui voudrait construire une
cheminée contre le mur de son voisin, serait dispensé
de se soumettre aux règles indiquées pour cette construction (5).

10. Les servitudes réelles peuvent porter sur un quelconque des droits
compris dans la propriété (6).

L'avantage que toute servitude réelle doit procurer
est, avons-nous dit (tome I n°s 7, 9 et 10, et tome II,

---

(1) Code Napoléon, article 6.

(2) Code Napoléon, article 686.

(3) Voyez Code Napoléon. article 671.

(4) Voyez notamment le règlement de police du 21 janvier 1672.

(5) Voyez M. Demolombe, Cours de Code Napoléon, tome XII, n° 600 ; et
MM. Du Caurroy, Bonnier et Roustain, Commentaire du Code Civil, tome II,
n°s 338 et 312.

(6) Voyez tome I, n° 18.

n° 1), un démembrement de la propriété d'un fonds, qui en est détaché pour être joint à un autre fonds.

Ce démembrement peut être lui-même une partie de l'un quelconque ou de plusieurs des droits élémentaires que nous avons reconnus dans la propriété complète (tome I, n° 6).

Et d'abord le droit de disposer est toujours altéré plus ou moins par toutes les servitudes, car jamais le propriétaire d'un fonds grevé de servitude ne peut, comme il l'aurait pu auparavant, modifier sa chose, la consommer, la détruire, si cela doit être nuisible à la servitude.

Mais, outre cette altération générale et tacite du droit de disposer, la servitude peut porter atteinte, d'une manière spéciale et formelle, soit aux autres droits contenus dans la propriété, soit encore au droit de disposer lui-même :

Ainsi, lorsqu'on a le droit de passer sur le fonds d'autrui, ce qui constitue la servitude de passage, le propriétaire de ce fonds n'a plus intégralement, exclusivement, le droit d'user : cette servitude porte spécialement sur l'usage ;

Ainsi, lorsqu'on a le droit de faire paître son troupeau sur le fonds d'autrui, ce qui constitue la servitude de pacage, le propriétaire de ce fonds n'a plus intégralement, exclusivement, le droit de jouir : cette servitude porte spécialement sur la jouissance ; et elle porte aussi, nécessairement, sur l'usage, car il serait impossible de faire paître les bestiaux sans les conduire et sans aller soi-même sur le fonds ;

Ainsi encore, lorsqu'on a le droit de percevoir des produits qui ne sont pas des fruits, le propriétaire n'a plus ce droit intégralement : cette servitude porte spécialement sur ce droit même, qui, bien que n'étant pas un des éléments principaux de la propriété, y est cependant compris, comme nous l'avons dit (tome I, n° 6); et elle porte aussi sur l'usage, car, pour percevoir ces produits, il faut aller sur le fonds;

Ainsi enfin, lorsqu'on a le droit de prendre des parties mêmes de la chose, par exemple, d'extraire du sable, ou le droit d'empêcher le propriétaire de faire sur sa chose ce qu'il voudrait, par exemple, de l'empêcher d'élever ses constructions au-dessus de telle hauteur, le propriétaire n'a plus intégralement le droit de disposer : ces deux servitudes portent spécialement sur la disposition; et, de plus, la première porte aussi sur l'usage, car, pour extraire du sable, il faut aller sur le fonds (1).

11. Les servitudes réelles sont perpétuelles de leur nature (2).

Les servitudes réelles sont perpétuelles de leur nature. Ce caractère leur est commun avec la propriété. Elles sont, ainsi que nous l'avons vu (n° 6), comme des qualités avantageuses ou défavorables des immeubles au profit desquels ou sur lesquels elles sont établies, et elles durent naturellement aussi longtemps que ces immeubles eux-mêmes.

Ce caractère forme une différence importante entre elles et les servitudes personnelles : les servitudes personnelles, en effet, loin de durer perpétuellement, doivent s'éteindre, au contraire, au plus tard par la mort de la personne au profit de qui elles sont constituées (3).

---

(1) Voyez M. Ortolan, Explication des Instituts de Justinien, tome I, pages 412 et 413.

(2) Tome I, n° 19.

(3) Voyez M. Demolombe, Cours de Code Napoléon, tome XI, n° 1, et tome XII, n° 678; et M. Pellat, Principes du droit romain sur la propriété et sur l'usufruit, n° 68.

Mais ce caractère de perpétuité qui est de leur nature, c'est-à-dire qui existe sans qu'on l'ait spécialement énoncé, qui doit être présumé, n'est cependant pas de leur essence, c'est-à-dire peut ne pas exister. Rien n'empêche, en droit français, de soumettre les servitudes réelles aux modalités de terme et de condition : le principe, au contraire, est que « *Il est permis* « *aux propriétaires d'établir sur leurs propriétés, ou en* « *faveur de leurs propriétés, telles servitudes que bon* « *leur semble.....* (1) » et que « *L'usage et l'étendue des* « *servitudes ainsi établies se règlent par le titre qui* « *les constitue.....* (2) » (3).

12. Il n'est pas nécessaire, en droit français, que les servitudes réelles aient une cause perpétuelle.

Nous avons vu (tome I, nº 20) qu'en droit romain, non-seulement les servitudes réelles sont perpétuelles, mais encore qu'elles doivent avoir une cause perpétuelle; qu'on entend par cause, en cette matière, ce à cause de quoi la servitude est constituée, comme, par exemple, l'eau, dans la servitude d'aqueduc; et que cette cause est reconnue comme perpétuelle, lorsqu'elle dure toujours, ou au moins lorsqu'elle se reproduit naturellement, sans exiger l'intervention de l'homme. Mais nous avons vu également que, si tel était l'ancien droit, il était peu à peu tombé en désuétude, dans certains cas, sans doute parce qu'on avait trouvé cette distinction trop subtile et sans utilité.

Rien n'indique, dans la législation française, que

---

(1) Code Napoléon, article 686.
(2) Code Napoléon, article 686.
(3) Voyez M. Demolombe, Cours de Code Napoléon, tome XII, nº 703.

les servitudes réelles doivent avoir une cause perpétuelle (1).

13. Les servitudes réelles sont indivisibles (2).

Un dernier caractère des servitudes réelles, c'est d'être indivisibles. Ces servitudes en effet, étant (n° 6) des qualités, avantageuses ou défavorables, des fonds, existent au profit de tout le fonds dominant, et au profit de chacune de ses parties, et portent sur tout le fonds servant, et sur chacune de ses parties.

Ce principe n'est énoncé formellement dans aucun texte des lois françaises; mais plusieurs dispositions le supposent et n'en sont que des conséquences.

Ainsi, par exemple, « *Si l'héritage pour lequel la* « *servitude a été établie vient d'être divisé, la servi-* « *tude reste due pour chaque portion...* (3) » Pourquoi, sinon parce que la servitude réelle est indivisible?

Ainsi, une servitude réelle ne peut pas être perdue partiellement : « *Si l'héritage, en faveur duquel la* « *servitude est établie, appartient à plusieurs par* « *indivis, la jouissance de l'un empêche la prescrip-* « *tion à l'égard de tous* (4). » « *Si parmi les copro-* « *priétaires il s'en trouve un contre lequel la pres-* « *cription n'ait pu courir, comme un mineur, il* « *aura conservé le droit de tous les autres* (5). » Pourquoi encore, sinon parce que la servitude réelle est indivisible ?

Mais, tout en respectant l'indivisibilité des servi-

---

(1) Voyez M. Demolombe, Cours de Code Napoléon, tome XII, n° 702.
(2) Voyez tome I, n° 21.
(3) Code Napoléon, article 700.
(4) Code Napoléon, article 709.
(5) Code Napoléon, article 710.

2.

tudes réelles, on peut déterminer limitativement quels seront les avantages que tel ou tel propriétaire pourra en retirer, et cela, par exemple, soit quant au lieu, soit quant au temps, c'est-à-dire aux époques auxquelles on l'exercera, soit quant au mode proprement dit, c'est-à-dire à la manière de l'exercer.

Cette règle de l'indivisibilité des servitudes réelles n'empêche pas non plus que, lorsqu'un fonds est divisé en plusieurs lots, les servitudes ne soient conservées, ou éteintes, par rapport à tel ou tel de ces lots seulement, et non par rapport à tous (1).

____

(1) Voyez M. Demolombe, Cours de Code Napoléon, tome XII, n° 704.

CHAPITRE II.

Des Divisions des servitudes réelles.

SECTION PRÉLIMINAIRE.

14. Les droits que le Code Napoléon désigne par ces mots : « *Servitudes qui dérivent de la situation des lieux* », « *Servitudes établies par la loi* », ne sont pas des servitudes (1).

Les divisions peuvent être d'un tres-grand secours dans toutes les sciences (tome I, n° 2). Mais, évidemment, il faut, avant tout, bien savoir quels sont les objets à classer; il faut en reconnaitre le caractère général de ressemblance afin d'écarter ceux qui en sont dépourvus : alors seulement on pourra s'attacher à tel ou tel caractère particulier pour établir différentes catégories d'après les différences qu'il présentera. Il n'est pas moins certain, en second lieu, que, pour qu'on retire d'une division toute l'utilité qu'on doit en attendre, il faut, non-seulement que ce caractère particulier sur lequel est fondée la classification se retrouve semblable dans toutes les individualités d'une même catégorie, mais encore que ce caractère ait de l'importance, et que les effets soient différents suivant qu'il se rencontrera ou non, ou suivant les modifications qu'il aura subies.

---

(1) Voyez tome I, n° 22.

Parmi les différentes divisions des servitudes réelles, que nous trouvons dans la législation française, l'une comprend, sous ce nom, des rapports de droit qui ne sont pas des servitudes réelles ; une autre, bien que portant tout entière sur les servitudes réelles, est complétement inutile, puisque l'absence ou la présence du caractère sur lequel elle est fondée ne produit aucune différence par rapport à ces servitudes.

La division qui comprend, à tort, certains rapports de droit, sous le nom de servitudes réelles, est ainsi énoncée dans le Code Napoléon : « *Elle* » (la servitude réelle) « *dérive ou de la situation naturelle des lieux,* « *ou des obligations imposées par la loi, ou des conven-* « *tions entre les propriétaires* (1). » ; et elle fournit l'ordre même du titre « *Des servitudes ou services fonciers* », qui comprend trois chapitres : « *Chapitre I. Des* « *servitudes qui dérivent de la situation des lieux* (2). » « *Chapitre II. Des servitudes établies par la loi* (3). » « *Chapitre III. Des servitudes établies par le fait* *de l'homme* (4). » (5)

Une première critique pourrait être adressée à cette distinction entre les droits dont s'occupe le Chapitre I et ceux dont s'occupe le Chapitre II. Ceux que le Code appelle des « *servitudes qui dérivent de la si-* « *tuation des lieux* » ne sont pas établis par le fait de l'homme ; ils sont donc établis par la loi : ceux que le Code appelle « *servitudes établies par la loi* » sont

---

(1) Code Napoléon, article 639.

(2) Code Napoléon, articles 640 à 648.

(3) Code Napoléon, articles 649 à 685.

(4) Code Napoléon, articles 686 à 710.

(5) Voyez M. Demolombe, Cours de Code Napoléon, tome XI, n° 6 ; MM. Du Caurroy, Bonnier et Roustain, Commentaire du Code civil, tome II, n° 263 ; et Marcadé, Cours de Droit civil français, explication de l'article 639, n° 1.

établis par la loi parce que, telle situation des lieux une fois constatée, la loi lui fait produire tel effet; ils dérivent donc de la situation des lieux. Pourquoi dès lors faire deux catégories de ces droits qui ont les uns et les autres la même source: la loi; et qui sont établis en considération du même fait: la situation des lieux? En vain a-t-on prétendu que le Code a voulu ranger dans le Chapitre I les rapports qui, par la force des choses, existent nécessairement entre propriétaires voisins, qui se retrouvent conséquemment dans toute législation, et qui sont établis par la loi naturelle, et seulement constatés par la loi positive, tandis qu'il a voulu ranger dans le Chapitre II, des rapports plus ou moins utiles, mais toujours arbitraires et non plus nécessaires, et qui, dès lors, sont véritablement établis par la loi positive; en vain a-t-on voulu en conclure que les juges, qui doivent se renfermer strictement dans les dispositions arbitraires, n'ayant d'autre cause que la volonté du législateur, ont un pouvoir d'interprétation plus large lorsqu'il s'agit de ces rapports qui existent par la force même des choses et qu'ils auraient dû admettre même dans le silence de la loi (1). Si telle a été l'intention des rédacteurs du Code, il n'ont pas respecté eux-mêmes cette idée (2); et l'eussent-ils fidèlement suivie, cette distinction, si exacte qu'elle puisse paraître en spéculation, devrait être rejetée: en effet, (tel est du moins notre avis) aucune différence n'existe, quant aux conséquences, entre les droits de l'une ou de l'autre de ces deux catégories (3): aux yeux du législateur,

---

(1) Voyez M. Demolombe, Cours de Code Napoléon, tome XI, n° 7.

(2) Voyez Code Napoléon, articles 646 et 663. et articles 613 et 682.

(3) Voyez MM. Du Caurroy, Bonnier et Roustain, Commentaire du Code civil, tome II, n° 247.

la loi qu'il formule doit nécessairement se confondre avec la loi naturelle, car c'est elle, c'est ce type du juste qu'il tend à réaliser dans la législation positive; pour lui, toutes les dispositions de la loi positive sont conformes à la loi naturelle; et les interprètes doivent ne pas substituer, dans l'application, leur propre manière de voir à celle du législateur.

Mais une critique plus grave peut être adressée à la dénomination même de *servitudes* que la loi applique aux droits compris dans ces deux chapitres. Ces droits, en effet, étant établis par la loi, constituent les règles communes, les limites légales, l'état normal de la propriété en France (tome I, n° 8); ce ne sont donc point des dérogations au droit commun, des droits démembrés d'un droit de propriété et ajoutés à un autre; or le mot servitude signifie assujettissement contraire à l'état normal de la propriété, et les démembrements de la propriété peuvent seuls constituer des servitudes (tome I, n°ˢ 7 et 9) (1). Aussi, lorsque, en aliénant son fonds, un propriétaire s'est engagé à garantir l'acquéreur de toute espèce de servitudes, il est bien certain qu'il n'a pas entendu dire, par là, que ce fonds n'est pas soumis aux règles communes à tous les fonds situés en France; et l'acquéreur ne pourrait pas se plaindre de la nécessité où il est de les observer (2). Il y a plus : si deux particuliers établissent, pour leurs fonds, une règle opposée, ils établissent véritablement une servitude, car c'est une dérogation à l'état ordi-

---

(1) Voyez MM. Du Cararoy, Bonnier et Roustain, Commentaire du Code civil, tome II, n° 247; et Marcadé, Cours de Droit civil français, explication de l'article 639, n° 2.

(2) Voyez M. Félix Berriat-Saint-Prix, Notes sur le Code civil, n° 2224; M. Demolombe, Cours de Code Napoléon, tome XI, n° 8; et MM. Du Cararoy, Bonnier et Roustain, Commentaire du Code civil, tome II, n° 337.

naire ; l'état ordinaire n'est donc pas une servitude. De même, si un propriétaire met son fonds dans un état contraire à ces règles du droit commun, et le conserve ainsi pendant trente ans, il ne libère pas son fonds, car son fonds était libre auparavant, mais il acquiert une servitude active sur le fonds de son voisin ; et son voisin perd, non pas une servitude active surajoutée à son droit de propriété, mais une partie même de son droit de propriété.

Ces droits sont des obligations imposées par la loi à tous les propriétaires. Aussi Pothier s'en occupe-t-il à la suite de son « Traité du contrat de société » ; dans les deux appendices intitulés : « Du quasi-contrat de « communauté (1) » et « Du voisinage (2) » qui, dit-il aussi, « est un quasi-contrat (3) » ; et le Code Napoléon lui-même les qualifie : d' « *obligations* », d' « *enga-* « *gements* », dans plusieurs de ses dispositions : lorsqu'il s'occupe spécialement des droits réglementés dans le chapitre II, le Code dit qu'ils dérivent « *des obliga-* « *tions imposées par la loi* (4) » ; plus loin il ajoute : « *La loi assujettit les propriétaires à différentes obli-* « *gations l'un à l'égard de l'autre, indépendamment* « *de toute convention* (5). » « *Partie de ces obliga-* « *tions est réglée.....* (6) » Et enfin, dans un article général : « *Certains engagements* », dit-il, « *se forment* « *sans qu'il intervienne aucune convention, ni de la* « *part de celui qui s'oblige, ni de la part de celui en-* « *vers lequel il est obligé. — Les uns résultent de l'au-*

---

(1) Pothier, Traité du contrat de société, n°s 181 et suivants.

(2) Pothier, Traité du contrat de société, n°s 230 et suivants.

(3) Pothier, Traité du contrat de société, n° 230.

(4) Code Napoléon, article 639.

(5) Code Napoléon, article 651.

(6) Code Napoléon, article 652.

« *torité seule de la loi ; les autres.......... — Les pre-*
« *mier· sont les engagements formés involontairement,*
« *tels que ceux entre propriétaires voisins........ (1)* »

Et cependant, on peut conclure de la place que ces
règles occupent dans le Code Napoléon, que le législateur a voulu, autant que la nature des choses le permet, assimiler ces droits aux véritables servitudes
réelles, et que, conséquemment, pour ces droits comme
pour les servitudes réelles, le tribunal compétent est
celui de la situation de l'immeuble, et non celui du
domicile du défendeur : « .... *Le défendeur sera*
« *assigné....... en matière réelle* » (ajoutons : immobilière) « *devant le tribunal de la situation de l'objet*
« *litigieux....... (2)* »

Il n'en est pas moins démontré que ces droits ne sont
point des servitudes réelles. Aussi n'avons-nous pas
l'intention de nous en occuper. Les règles qui les concernent auraient été mieux placées, à notre avis, dans
le titre qui traite « *De la propriété.* »

Ils ne doivent donc pas être compris dans une division exacte des servitudes réelles.

15. Quatre divisions des servitudes réelles.

Comme servitudes réelles proprement dites, restent
seulement les droits qui font l'objet du Chapitre III :
« *Des servitudes établies par le fait de l'homme.* »
Nous aurons occasion de dire (n° 24) que cette dénomination est bien plus exacte que celle de l'article que
nous avons cité et qui les présente comme dérivant
« *des conventions entre les propriétaires* (3). »

---

(1) Code Napoléon, article 1370.
(2) Code de procédure civile, article 59.
(3) Code Napoléon, article 639.

C'est par rapport à ces servitudes réelles proprement dites, que nous avons à rechercher quelles sont les divisions qui en ont été faites.

Le Code Napoléon donne trois divisions de ces servitudes réelles :

D'après la première division, il y en a de deux espèces : « .... *Celles de la première espéce s'appellent* URBAINES..... *Celles de la seconde espéce se nomment* RURALES (1). » ;

D'après la deuxième division, « *Les servitudes sont ou continues, ou discontinues*..... (2) » ;

D'après la troisième division, « *Les servitudes sont apparentes, ou non apparentes*..... (3) ».

Nous allons examiner en quoi consistent ces divisions, indiquer celle qui, ainsi que nous l'avons annoncé (n° 14), est inutile, et faire remarquer l'importance des autres. Mais, auparavant, nous devons dire quelques mots d'une autre division des servitudes réelles, non formulée, il est vrai, dans nos lois, mais qui n'est pas arbitraire, qui résulte de la nature des choses, qui, conséquemment, se retrouve aussi dans la législation française, et qu'il est assez utile de connaître : c'est la division des servitudes réelles, en servitudes réelles positives, et servitudes réelles négatives.

Nous aurons donc à étudier les quatre divisions suivantes :

Première division : servitudes réelles *positives*, et servitudes réelles *négatives* (n° 16);

Deuxième division : servitudes réelles *urbaines*, et servitudes réelles *rurales* (n° 17);

---

(1) Code Napoléon, article 687.
(2) Code Napoléon, article 688.
(3) Code Napoléon, article 689.

Troisième division : servitudes réelles *continues*, et servitudes réelles *discontinues* (n°s 18 et 19) ;

Quatrième division : servitudes réelles *apparentes*, et servitudes réelles *non apparentes* (n°s 20 et 21).

SECTION PREMIÈRE.

16. Première division : Servitudes réelles *positives*, et servitudes réelles *négatives* (1).

Parmi les servitudes réelles, il en est qui donnent au propriétaire du fonds dominant le droit de produire sur le fonds servant des actes extérieurs et sensibles, de retirer de ce fonds un certain avantage positif, par exemple, de s'en servir pour tel ou tel usage, ou d'en prendre tel produit ; et alors, le propriétaire du fonds servant doit laisser faire, doit souffrir l'exercice de la servitude : telles sont la servitude de passage, la servitude d'aqueduc, la servitude de pacage, etc.. Ce sont ces servitudes que l'on a appelées *servitudes réelles positives*. Elles peuvent porter sur un quelconque des droits élémentaires compris dans la propriété.

Il en est d'autres, au contraire, en vertu desquelles le propriétaire du fonds dominant ne peut produire sur le fonds servant aucun acte extérieur et sensible, ne peut retirer de ce fonds aucun avantage positif, mais qui consistent uniquement dans la nécessité où se trouve le propriétaire du fonds servant, de ne pas exercer sur ce fonds son activité de telle ou telle manière qui pourrait lui convenir, dans la nécessité où il est de s'abstenir d'agir comme il le voudrait, dans la

---

(1) Voyez tome I, n° 13.

nécessité de ne pas faire : telles sont la servitude de ne pas planter, la servitude de ne pas bâtir, ou ne pas élever ses constructions au-dessus de telle hauteur, etc.. Ce sont ces servitudes que l'on a appelées *servitudes réelles négatives*. Elles portent directement sur le droit de disposer (1).

Cette division a peu d'importance aujourd'hui par elle-même; c'est donc avec raison que le Code Napoléon l'a passée sous silence. Nous avons cru cependant devoir l'exposer : elle est, en effet, tellement exacte en théorie qu'on la mentionne souvent pour donner une idée précise des servitudes : « *Servitutum non ea natura*

La nature des servitudes

est, ut aliquid faciat quis....., sed ut aliquid

est, non pas que quelqu'un fasse quelque chose....., mais qu'il souffre

patiatur, aut non faciat (2). » (tome I, n° 11); et que,

ou qu'il ne fasse pas quelque chose.

dans les explications mêmes des auteurs, ces expressions, *servitudes réelles positives, servitudes réelles négatives*, reviennent très-fréquemment : il convient donc d'en connaître exactement le sens. Du reste, l'importance de cette division se retrouve, sous d'autres dénominations, quand on étudie les deux autres divisions que nous avons annoncées, en *servitudes réelles continues* et *servitudes réelles discontinues*, et en *servitudes réelles apparentes* et *servitudes réelles non apparentes* : nous verrons, en effet, que les servitudes

---

(1) Voyez M. Félix BERRIAT-SAINT-PRIX, Notes sur le Code civil, n° 2352; M. DEMOLOMBE, Cours de Code Napoléon, tome XII, n° 722; MM. DU CAURROY, BONNIER et ROUSTAIN, Commentaire du Code civil, tome II, n°ˢ 246 et 345; MARCADÉ, Cours de droit civil français, explication de l'article 687; M. ORTOLAN, Explication des Instituts de Justinien, tome I, pages 412 et 413; et M. PELLAT, Principes du droit romain sur la propriété et sur l'usufruit, n° 5.

(2) Digeste, livre 8, titre 1, fragment 15, § 1. Voyez encore MM. DU CAURROY, BONNIER et ROUSTAIN, Commentaire du Code civil, tome II, n° 246.

réelles *négatives* sont à la fois *continues et non apparentes* (1).

SECTION II.

17. Deuxième division : Servitudes réelles urbaines, et servitudes réelles
rurales.

Voici comment le Code Napoléon formule cette division : « *Les servitudes sont établies ou pour l'usage*
« *des bâtiments, ou pour celui des fonds de terre. —*
« *Celles de la première espèce s'appellent urbaines,*
« *soit que les bâtiments auxquels elles sont dues, soient*
« *situés à la ville ou à la campagne. — Celles de la*
« *seconde espèce se nomment rurales* (2). »

Le législateur français a voulu reproduire, dans cet
article, la division, fondamentale en droit romain, des
servitudes réelles, en servitudes de fonds urbains et
servitudes de fonds ruraux. Nous l'avons exposée longuement et avec soin dans notre première partie
(tome I, n°s 25 et suivants) ; et, de cette étude, nous
pouvons conclure qu'elle a été présentée d'une manière
inexacte par les rédacteurs du Code Napoléon.

Ils disent bien, conformément au droit romain,
qu'en matière de servitudes réelles, c'est uniquement
à la nature du fonds, suivant qu'il est bâti ou non
bâti, qu'il faut s'attacher pour savoir s'il est urbain ou
rural, et nullement à sa situation, à la ville ou à la
campagne (tome I, n° 27) : « ..... *soit que les bâtiments*
« *soient situés à la ville ou à la campagne.....* » Mais

---

(1) Voyez MM. Du Caurroy, Bonnier et Roustain, Commentaire du Code
civil, tome II, n° 345.

(2) Code Napoléon, article 687.

nous avons reconnu (tome I, n° 28) que ce n'est le caractère, urbain ou rural, ni du fonds auquel la servitude est due, ni du fonds qui la doit, qu'il faut rechercher et appliquer à la servitude, pour déterminer la classe dans laquelle elle doit rentrer; et cependant le Code Napoléon, suivant en ce point la doctrine erronée de presque tous les anciens commentateurs du droit romain, fait dépendre le caractère de la servitude de celui du fonds dominant : « *Les servitudes sont établies ou pour l'usage des bâtiments, ou pour celui des fonds de terre. — Celles de la première espèce s'appellent urbaines..... — Celles de la seconde espèce se nomment rurales.* » En droit romain, nous l'avons vu (tome I, n° 28), c'est en examinant la servitude réelle en elle-même, dans sa nature propre, dans ce qui la constitue, dans la nécessité où l'on est de penser, pour la concevoir, à un héritage rural seulement, ou à un héritage urbain, c'est-à-dire à un fonds non bâti, ou à un fonds bâti, qu'on déterminait si telle servitude était une servitude de fonds rural ou une servitude de fonds urbain (1).

Cette division, en droit romain, était très-importante, et spécialement au point-de-vue de la continuité des servitudes : les servitudes de fonds urbains présentaient, en effet, une continuité qui ne se rencontrait pas, ordinairement, dans les servitudes de fonds ruraux (tome I, n° 34), et de ce caractère il résultait qu'elles se conservaient par la quasi-possession et qu'elles ne s'éteignaient pas par le non-usage seul (tome I, n° 35). Le Code Napoléon a établi formelle-

---

(1) Voyez M. Demolombe, Cours de Code Napoléon, tome XII, n° 705; MM. Du Caurroy, Bonnier et Roustain, Commentaire du Code civil, tome II, n° 342; et M. Ortolan, Explication des Institutes de Justinien, tome I, page 414.

ment une division des servitudes réelles en continues et discontinues (n° 18), bien plus exacte, sous ce rapport, que ne l'était la division du droit romain en servitudes de fonds urbains et servitudes de fonds ruraux. Et, quant à la division en servitudes urbaines et servitudes rurales, telle qu'il l'a formulée, elle n'existait pas en droit romain, elle n'aurait pu y être d'aucune utilité, et elle est restée également sans importance en droit français (1).

SECTION III.

§ 1.

18. Troisième division : *Servitudes réelles continues*, et *servitudes réelles discontinues.*

« *Les servitudes sont ou continues ou discontinues.*

« *Les servitudes continues sont celles dont l'usage*
« *est ou peut être continuel, sans avoir besoin du fait*
« *actuel de l'homme : tels sont les conduites d'eau, les*
« *égouts, les vues et autres de cette espèce.*

« *Les servitudes discontinues sont celles qui ont be-*
« *soin du fait actuel de l'homme pour être exercées : tels*
« *sont les droits de passage, puisage, pacage et au-*
« *tres semblables* (2). »

Tel est le texte même du Code Napoléon qui nous présente avec exactitude et clarté cette division des servitudes réelles.

---

(1) Voyez M. Félix BERRIAT-SAINT-PRIX, Notes sur le Code civil, n° 2355-2°; M. DEMOLOMBE, Cours de Code Napoléon, tome XII, n° 703; MM. DU CAURROY, BONNIER et ROUSTAIN, Commentaire du Code civil, tome II, n° 342; MARCADÉ, Cours de droit civil français, explication de l'article 687; et M. ORTOLAN, Explication des Instituts de Justinien, tome I, page 414, note 3.

(2) Code Napoléon, article 688.

Remarquons seulement que c'est par figure de langage qu'on qualifie, dans cet article, les servitudes
réelles de *continues* ou de *discontinues*. La servitude
elle-même, le droit qui la constitue ne peut pas être
piscontinu : nous avons démontré, en effet, (n° 11),
que les servitudes réelles sont perpétuelles de leur nature, et, seraient-elles soumises à une condition ou à
un terme, soit pour leur établissement, soit pour leur
extinction, elles n'en dureraient pas moins sans interruption depuis le moment où elles auraient pris naissance jusqu'au moment où elles cesseraient d'exister.
Ce qui est ici continu ou discontinu, c'est l'exercice,
ou pour mieux dire, la possibilité de l'exercice de la
servitude, sans le fait actuel de l'homme.

C'est, en effet, à la nécessité du fait actuel de l'homme,
pour que la servitude soit exercée, qu'il faut uniquement s'attacher. Si cette nécessité existe, la servitude
est discontinue : « *Les servitudes discontinues sont
« celles qui ont besoin du fait actuel de l'homme pour
« être exercées…* ». Si elle n'existe pas, la servitude
est continue. Le droit de vue, par exemple, s'exerce
sans le fait actuel de l'homme, car l'exercice de ce
droit consiste, non pas dans le fait de regarder sur le
fonds du voisin, mais dans le fait d'avoir, à une distance moindre que celle fixée par la loi, des fenêtres
donnant sur ce fonds, laissant arriver l'air et la lu-
mière, et pouvant aussi servir à regarder. Et alors
même que l'exercice d'une servitude n'aurait pas lieu
continuellement, si la servitude s'exerce sans le fait
actuel de l'homme, elle n'en est pas moins continue.
C'est ce qui fait que la servitude d'égout des eaux plu-
viales est continue, quoique la pluie ne tombe pas perpétuellement ; cette servitude s'exerce, en effet, sans le
fait actuel de l'homme, dès que tombe la pluie. C'est
ce qui fait encore que la servitude d'aqueduc est con-

tinue, alors même que l'eau ne coulerait qu'après un fait de l'homme, après qu'on aurait levé une vanne, par exemple; cette servitude consiste uniquement, en effet, dans le passage de l'eau sur le fonds, et conséquemment s'exerce sans le fait actuel de l'homme, dès que la vanne a été levée : « *Les servitudes conti-* « *nues sont celles dont l'usage est ou peut être continuel,* « *sans avoir besoin du fait actuel de l'homme...* » (1).

De là il résulte que les servitudes réelles positives peuvent être, les unes continues, comme le droit de vue, les autres discontinues, comme le droit de passage; mais que, pour les servitudes réelles négatives, qui consistent uniquement dans le droit d'empêcher d'agir le propriétaire du fonds servant, qui ne nécessitent conséquemment pas le fait actuel de l'homme, elles sont toutes continues (2).

Les Romains, ainsi que nous l'avons dit (tome I, n° 34), avaient seulement entrevu cette différence, et ils l'avaient rapportée à la division, telle qu'ils l'avaient établie, entre les servitudes de fonds urbains et les servitudes de fonds ruraux : les servitudes de fonds urbains présentent, en effet, une continuité qui ne se rencontre pas, ordinairement, dans les servitudes de fonds ruraux. Ce sont les commentateurs du droit romain qui ont cru découvrir cette distinction dans le texte suivant : « *Servitutes prædiorum rusticorum* ...
Les servitudes d'héritages rustiques ...
« *tales sunt servitutes, ut non habeant certam con-*
sont des servitudes telles qu'elles n'ont pas une possession

---

(1) Voyez M. Demolombe, Cours de Code Napoléon, tome XII, n°° 707 et 709; et MM. Du Caurroy, Bonnier et Roustain, Commentaire du Code civil, tome II, n° 844.

(2) Voyez M. Félix Berriat-Saint-Prix, Notes sur le Code civil, n° 2360; et MM. Du Caurroy, Bonnier et Roustain, Commentaire du Code civil, tome II, n° 845.

« *tinuamque possessionem : nemo enim tam perpetuo*
certaine   et   continue : car personne ne peut passer si

« *tamque continenter ire potest, ut nullo momento*
perpétuellement et si continuellement, que, à aucun moment,

« *possessio ejus interpellari videatur ...* (1) »; l'idée
sa possession ne paraisse interrompue. ...

première de cette distinction s'y trouve, mais la division elle-même n'a jamais été exactement formulée
par les jurisconsultes romains. Elle s'était ensuite introduite peu à peu dans l'ancienne jurisprudence française, et même dans le texte de plusieurs coutumes;
mais elle n'était pas bien nettement établie, et on ajou-
tait à ces deux classes une classe intermédiaire qui,
sous le nom de *servitudes quasi-continues*, compre-
nait les servitudes réelles dont souvent l'exercice est
interrompu en fait, et que la législation actuelle range
parmi les servitudes continues, parce que cet exercice
« *peut être continuel, sans avoir besoin du fait actuel*
« *de l'homme* ». C'est le Code Napoléon, qui, le premier, a donné de ces deux espèces de servitudes, les
servitudes continues et les servitudes discontinues, des
définitions parfaitement claires et exactes (2).

§ 2.

19. Importance de cette division : Les servitudes réelles discontinues ne s'acquièrent pas par la quasi-possession, ni par la destination du père de famille;
et les servitudes réelles continues ne se perdent pas par le non-usage seul.

L'importance de cette division des servitudes réelles
est considérable. Les modes d'établissement, les modes

---

(1) Digeste, livre 8, titre 1, fragment 14, principium.
(2) Voyez M. DEMOLOMBE, Cours de Code Napoléon, tome XII, n°ˢ 706 et
709; et MM. DU CAURROY, BONNIER et ROUSTAIN, Commentaire du Code civil,
tome II, n°ˢ 343 et 344.

d'extinction diffèrent, suivant que ces servitudes sont continues ou discontinues.

Quant aux modes d'établissement, il en est deux qui peuvent s'appliquer à certaines servitudes réelles continues, et qui ne peuvent jamais constituer une servitude réelle discontinue : ce sont la possession, ou, pour mieux dire, la quasi-possession de la servitude, et la destination du père de famille (1). — On entend, par possession ou quasi-possession de la servitude, l'exercice de la servitude, joint à l'intention de l'exercer comme maître de ce droit (tome I, n° 11-5°); et le Code Napoléon porte : « *Les servitudes* CONTI-*NUES et apparentes s'acquièrent...... par la possession* « *de trente ans* (2). » « *..... les servitudes* DISCONTI-« NUES..... *ne peuvent s'établir que par titres. — La* « *possession même immémoriale ne suffit pas pour les* « *établir....* (3). » — On entend, par destination du père de famille, c'est-à-dire du propriétaire (du mot latin *paterfamilias,* qui signifie *propriétaire*), l'intention qu'a eue le propriétaire de deux fonds de tirer d'un de ces fonds un service au profit de l'autre (4); si on la considère comme mode d'établissement d'une servitude réelle : « *Il n'y a destination du père de fa-* « *mille que lorsqu'il est prouvé que les deux fonds ac-* « *tuellement divisés ont appartenu au même proprié-* « *taire, et que c'est par lui que les choses ont été* « *mises dans l'état duquel résulte la servitude* (5). » et le Code Napoléon porte encore : « *La destination*

---

(1) Voyez M. Félix BERRIAT-SAINT-PRIX, Notes sur le Code civil, n° 2360; et M. DEMOLOMBE, Cours de Code Napoléon, tome XII, n° 706.

(2) Code Napoléon, article 690.

(3) Code Napoléon, article 691.

(4) Voyez M. Félix BERRIAT-SAINT-PRIX, Notes sur le Code civil, n° 2370.

(5) Code Napoléon, article 693.

« *du père de famille vaut titre à l'égard des servi-*
« *tudes* CONTINUES *et apparentes* (1). », ce qui suffirait pour exclure les servitudes discontinues, si nous
n'avions déjà vu que « .... *les servitudes* DISCONTI-
« NUES...... *ne peuvent s'établir que par titres......* (2). »

Quant aux modes d'extinction, il en est un, le non-
usage, qui s'applique d'une manière bien différente,
suivant qu'il s'agit de servitudes réelles continues ou
de servitudes réelles discontinues (3). On entend, par
non-usage, le fait de ne pas exercer un droit. Or, le
Code Napoléon porte, d'une manière générale : « *La*
« *servitude est éteinte par le non-usage pendant trente*
« *ans* (4). »; mais il ajoute : « *Les trente ans com-*
« *mencent à courir, selon les diverses espèces de ser-*
« *vitudes, ou du jour où l'on a cessé d'en jouir, lors-*
« *qu'il s'agit de servitudes discontinues, ou du jour*
« *où il a été fait un acte contraire à la servitude,*
« *lorsqu'il s'agit de servitudes continues* (5) : » c'est-à-
dire que, pour les servitudes continues, il ne suffit
pas, comme pour les servitudes discontinues, qu'en
fait, le propriétaire du fonds dominant n'ait tiré du
fonds servant aucun avantage, il faut, de plus, que
l'état des lieux ait été changé, de manière à ce que
l'exercice de la servitude ne fût plu s] o: sil le (6).

---

(1) Code Napoléon, article 692.

(2) Code Napoléon, article 691.

(3) Voyez M. Félix BERRIAT-SAINT-PRIX, Notes sur le Code civil, n° 1360;
et M. DEMOLOMBE, Cours de Code Napoléon, tome XII, n° 706.

(4) Code Napoléon, article 706.

(5) Code Napoléon, article 707.

(6) Voyez M. Félix BERRIAT-SAINT-PRIX, Notes sur le Code civil, n° 2107;
et MM. DU CAURROY, BONNIER et ROUSTAIN, Commentaire du Code civil,
tome II, n° 867.

SECTION IV.

§ 1.

20. Quatrième division : Servitudes réelles *apparentes*, et Servitudes réelles *non apparentes*.

« *Les servitudes sont apparentes ou non apparentes.*

« *Les servitudes apparentes sont celles qui s'an-*
« *noncent par des ouvrages extérieurs, tels qu'une*
« *porte, une fenêtre, un aqueduc.*

« *Les servitudes non apparentes sont celles qui*
« *n'ont pas de signe extérieur de leur existence,*
« *comme, par exemple, la prohibition de bâtir sur*
« *un fonds, ou de ne bâtir qu'à une hauteur déter-*
« *minée* (1). »

Tel est encore le texte même du Code Napoléon. Cette dernière division des servitudes réelles y est présentée aussi avec assez d'exactitude, et toutefois nous aurons à faire sur la rédaction de cet article deux observations de détail.

Mais auparavant remarquons aussi que c'est uniquement par figure de langage qu'on a pu qualifier d'*apparente*, c'est-à-dire de *visible*, comme disaient les anciens auteurs, une servitude, un droit, une chose incorporelle, qui évidemment ne peut apparaître, ne peut être vue. Ce qui est apparent ou visible, c'est l'objet matériel qui révèle l'existence de la servitude (2).

---

(1) Code Napoléon, article 689.
(2) Voyez M. Félix BERRIAT-SAINT-PRIX, Notes sur le Code civil, n° 2362.

De ces deux observations, la première porte sur les expressions employées pour désigner cet objet matériel qui forme le caractère distinctif des servitudes réelles apparentes par opposition aux servitudes réelles non apparentes. La loi parle tantôt « *d'ouvrages extérieurs*, » tantôt d'un « *signe extérieur de leur existence* » ou d'un « *signe apparent de servitude* (1). » Toutes ces dénominations sont sans doute synonymes dans l'esprit du législateur; mais quelle est celle qui rend le mieux sa pensée ? Il nous semble que le seul point important, c'est qu'il y ait un moyen quelconque de reconnaître l'existence d'une servitude. Ce moyen consistera le plus souvent en « *des ouvrages* » c'est-à-dire des objets confectionnés et placés par la main de l'homme ; mais nous croyons que tout autre « *signe* » devrait suffire, pourvu qu'il fût « *extérieur* », « *apparent* », de manière à révéler l'existence de la servitude (2).

La seconde observation porte sur les derniers mots de cet article, qui donne comme exemple de servitude réelle non apparente « *la prohibition... de ne bâtir qu'à une hauteur déterminée.* » Ce n'est point « *la prohibition... de ne bâtir...* », c'est *la prohibition de bâtir*, que le Code a voulu dire, mais *de bâtir au delà d'une hauteur déterminée* (3).

Le caractère de servitude réelle apparente ou de servitude réelle non apparente tient, avons-nous dit, à l'existence ou à la non-existence d'un signe extérieur qui annonce la servitude : les servitudes réelles posi-

---

(1) Code Napoléon, article 691.

(2) Voyez M. Demolombe, Cours de Code Napoléon, tome XII, n° 714; et MM. Du Caurroy, Bonnier et Roustain, Commentaire du Code civil, tome II, n° 345.

(3) Voyez M. Demolombe, Cours de Code Napoléon, tome XII, n° 713, note.

tives peuvent donc être, les unes apparentes, comme un droit de passage indiqué par une porte, par un sentier, les autres non apparentes, comme un droit de passage que rien ne manifeste; mais, pour les servitudes réelles négatives, que rien ne manifeste jamais, elles sont toutes non apparentes: aussi le Code a-t-il choisi comme exemples de servitudes non apparentes des servitudes négatives (1).

Il serait plus difficile encore, pour cette quatrième division, que pour la précédente, d'en découvrir la trace dans le droit romain; et cependant elle est due aussi aux commentateurs de ce droit, qui ont cru l'y trouver et l'ont imaginée pour concilier divers textes. Comme la division en servitudes réelles continues et servitudes réelles discontinues, elle s'est ensuite introduite peu à peu dans l'ancienne jurisprudence française et même dans le texte de plusieurs coutumes: à ce point de vue les servitudes réelles portaient alors les dénominations de *visibles* ou *cachées*, de *patentes* ou *latentes*. C'est le Code Napoléon qui leur a donné celles d'*apparentes* ou *non apparentes* (2).

§ 2.

21. Importance de cette division : Les Servitudes réelles non apparentes ne s'acquièrent pas par la quasi-possession, ni par la destination du père de famille, et elles sont irrévocablement éteintes par la confusion.

L'importance de cette dernière division des servitudes réelles est considérable aussi. Les modes d'éta-

---

(1) Voyez M. Félix BERRIAT-SAINT-PRIX, Notes sur le Code civil, n° 2362; et MM. Du CAURROY, BONNIER et ROUSTAIN, Commentaire du Code civil, t. II, n° 345.

(2) MM. Du CAURROY, BONNIER et ROUSTAIN, Commentaire du Code civil, tome II, n° 343.

blissement différent, suivant que ces servitudes sont apparentes ou non apparentes.

Les deux modes d'établissement qui, nous l'avons vu (n° 19), peuvent s'appliquer à certaines servitudes réelles continues, mais ne peuvent jamais constituer une servitude réelle discontinue, peuvent également s'appliquer à certaines servitudes réelles apparentes, mais ne peuvent jamais constituer une servitude réelle non apparente: ce sont la quasi-possession de la servitude, et la destination du père de famille. Nous avons indiqué en quoi ils consistent. Il ne nous reste plus qu'à citer, au point de vue de cette division, les articles qui les concernent. Quant à la quasi-posession, le Code Napoléon porte: « *Les* « *servitudes continues et* APPARENTES *s'acquièrent...* « *par la possession de trente ans* (1).»; et, quant à la destination du père de famille: « *La destination du* « *père de famille vaut titre à l'égard des servitudes* « *continues et* APPARENTES (2). » Ces deux dispositions excluent donc les servitudes réelles non apparentes; et le Code, en effet, décide formellement que « *Les servitudes... non apparentes... ne peuvent* « *s'établir que par titres...* (3) »

De plus, cette distinction est importante encore dans l'hypothèse suivante: « *Si le propriétaire de* « *deux héritages... dispose de l'un des héritages sans* « *que le contrat contienne aucune convention rela-* « *tive à la servitude...* (4) » qui avait existé au profit de l'un des fonds sur l'autre avant qu'ils appartinssent

---

(1) Code Napoléon, article 690.
(2) Code Napoléon, article 691.
(3) Code Napoléon, article 691.
(4) Code Napoléon, article 694.

au même propriétaire. Cette servitude, qui semblait éteinte par la confusion, c'est-à-dire par la réunion des deux fonds dans le patrimoine du même propriétaire, « *continue d'exister* », dit le Code, « *activement* « *ou passivement en faveur du fonds aliéné ou sur le* « *fonds aliéné* » (1), lorsque entre ces deux héritages « *il existe un signe apparent de servitude...* (2) » D'où il résulte que, si cette servitude était non apparente, elle ne pourrait pas revivre, *continuer d'exister.*

(1) Code Napoléon, article 694.
(2) Code Napoléon, article 694.

CHAPITRE III.

De l'Établissement des Servitudes réelles.

---

22. Personnes qui peuvent établir ou acquérir des servitudes réelles (1).

Pour établir une servitude sur un fonds, il faut fractionner, démembrer la propriété de ce fonds, et aliéner le démembrement qu'on a ainsi formé. Or, le droit de fractionner la propriété et le droit d'aliéner ne peuvent, en principe, appartenir qu'au propriétaire. Aussi la loi nous dit-elle : « *Il est permis aux* « PROPRIÉTAIRES *d'établir* SUR LEURS PROPRIÉTÉS........ « *telles servitudes que bon leur semble........* (a) » (3).

Si on n'a sur le fonds qu'un droit de propriété conditionnel ou résoluble, on pourra bien encore grever ce fonds de servitude, mais cette servitude sera elle-même soumise à la même condition, à la même résolution (4).

Si le fonds appartient en commun à plusieurs co-pro-

---

(1) Voyez tome I, n° 89.
(2) Code Napoléon, article 686.
(3) Voyez M. DEMOLOMBE, Cours de Code Napoléon, tome XII, n°s 784 et 785.
(4) Voyez M. DEMOLOMBE, Cours de Code Napoléon, tome XII, n° 745.

priétaires, il faut, pour que la servitude existe véritablement, qu'elle ait été établie par eux tous. Mais si
elle n'a été constituée que par un seul ou quelques-
uns d'entre eux, ceux-là, du moins, ne pourront pas
s'opposer à l'exercice de la servitude (1).

De même, si la propriété du fonds est divisée entre
un nu-propriétaire et un usufruitier, et qu'ils s'enten-
dent pour établir une servitude réelle, cette constitution sera parfaitement valable. Mais si la servitude
réelle n'est établie que par l'un des deux, elle devra,
dans son exercice, être restreinte de manière à ne
pas léser les droits de l'autre (2).

Il est cependant un cas dans lequel la servitude
réelle pourra se trouver établie sur un fonds, sans la
volonté du propriétaire de ce fonds; ce cas, que nous
étudierons plus tard, est celui de la prescription.

— C'est aussi, réciproquement, le propriétaire d'un
fonds voisin du premier, qui peut seul, en principe,
acquérir une servitude au profit de son fonds : « *Il est*
« *permis aux* PROPRIÉTAIRES *d'établir*……… EN FAVEUR
« DE LEURS PROPRIÉTÉS *telles servitudes que bon*
« *leur semble*… (3) » (4).

Rien n'empêche, non plus, celui qui n'a sur le fonds
qu'un droit de propriété conditionnel ou résoluble,
que l'un des co-propriétaires, que le nu-propriétaire,
que l'usufruitier, n'acquière aussi une servitude réelle :
il est certain d'abord que chacun d'eux l'acquerra
valablement dans les limites du droit qui lui appar-

---

(1) Voyez Digeste, livre 8, titre 3, fragment 11; et M. DEMOLOMBE, Cours de
Code Napoléon, tome XII, n° 741.

(2) Voyez M. DEMOLOMBE, Cours de Code Napoléon, tome XII, n°° 738, 739
et 740.

(3) Code Napoléon, article 686.

(4) Voyez M. DEMOLOMBE, Cours de Code Napoléon, tome XII, n° 738.

tient, et, pour savoir si elle est irrévocablement acquise au fonds lui-même, il faut examiner les circonstances et l'intention des parties (1).

SECTION II.

23. Fonds sur lesquels peuvent être établies les servitudes réelles (2).

Quant aux fonds sur lesquels peuvent être établies des servitudes réelles, ce sont tous les fonds qui sont dans le commerce, c'est-à-dire qui sont susceptibles de propriété privée. Mais ceux qui ont été affectés pour toujours à une utilité publique, étant hors du commerce, ne sont susceptibles ni de propriété privée, ni de démembrements de propriété, et spécialement de servitudes réelles. Ils sont indiqués par le Code Napoléon dans les deux articles suivants : « *Les* « *chemins, routes et rues à la charge de l'Etat, les* « *fleuves et rivières navigables ou flottables, les ri-* « *vages........., les ports, les havres, les rades, et gé-* « *néralement toutes les portions du territoire fran-* « *çais qui ne sont pas susceptibles d'une propriété* « *privée, sont considérés comme des dépendances du* « *domaine public* (3). » « *Les portes, murs, fossés,* « *remparts des places de guerre et des forteresses font* « *aussi partie du domaine public* (4). »

---

(1) Voyez M. Demolombe, Cours de Code Napoléon, tome XII, n⁰ˢ 759, 761 et 762.

(2) Voyez tome I, n⁰ 87.

(3) Code Napoléon, article 538.

(4) Code Napoléon, article 540.

SECTION III.

24. Divers Modes d'établissement des servitudes réelles.

Le texte du Code Napoléon nous indique trois mo
des d'établissement des servitudes réelles, et il les désigne ainsi : le « *titre* (1) », la « *destination du père
de famille* (2) », et enfin la « *possession de trente
ans* (3) » ou la « *prescription* (4) ».

Le mot *titre* signifie, comme nous allons le voir
(n° 25), toute cause d'acquisition d'un droit. Il comprendrait donc, dans sa généralité, les deux autres
causes : la destination du père de famille, et la prescription : c'est là certainement une inexactitude de
langage. Mais le sens que le législateur a voulu attribuer à ce mot, dans notre matière, peut nous être ré-
vélé par le caractère commun des deux autres modes
auxquels on l'oppose. Ce caractère commun, c'est que,
dans ces deux cas, la volonté d'établir la servitude
réelle n'est pas formellement exprimée ; elle est tacite,
elle est présumée seulement : le mot *titre* doit donc
désigner le mode d'établissement dans lequel cette volonté s'est manifestée au contraire d'une manière expresse. Nous y ajouterons donc cette qualification
restrictive, et nous dirons le *titre exprès*.

Et précisément, de ce que, dans l'établissement des
servitudes réelles, la volonté est tantôt expresse, tantôt
seulement tacite ou présumée, il résulte que les divers

---

(1) Code Napoléon, articles 690 et 691.
(2) Code Napoléon, articles 692 et 693.
(3) Code Napoléon, articles 690.
(4) Code Napoléon, article 695.

modes d'établissement ne sont pas applicables indifféremment à toute espèce de servitudes réelles (1).

Nous allons donc étudier successivement : 1° le titre exprès, 2° la destination du père de famille, 3° la prescription.

Mais remarquons auparavant combien est insuffisante la manière dont le Code Napoléon désigne, dans une de ses dispositions, les sources des véritables servitudes réelles, de celles dont nous nous occupons: cet article, général pourtant dans cette matière, n'indique comme faits d'où dérivent ces servitudes que les « *conventions entre les propriétaires* (2) ». Il oublie donc d'abord et la destination du père de famille et la prescription; il oublie, de plus, d'autres causes d'acquisition des servitudes réelles, car le titre exprès, ainsi que nous allons le voir (n° 25), comprend, outre les conventions entre les propriétaires, d'autres actes importants qui peuvent aussi constituer ces servitudes. La rubrique du chapitre III, « *Des servitudes établies par le fait de l'homme,* » s'exprime, au contraire, très-exactement.

§ 1. — LE TITRE EXPRÈS.

25. Nature et espèces diverses du titre exprès.

Le mot *titre* a, dans la langue juridique, deux sens : un sens théorique et exact, d'après lequel il signifie l'événement, le fait, l'acte qui produit un droit, la cause efficiente, la cause d'acquisition d'un droit; et un autre sens abusif, trop souvent employé dans la pratique, d'après lequel il signifie ce que les Romains nommaient *instrumentum,* c'est-à-dire l'écrit consta-

---

(1) Voyez M. Demolombe, Cours de Code Napoléon, tome XII, n°ˢ 725 et 726.
(2) Code Napoléon, article 639.

tant que cet événement a eu lieu, et pouvant servir à le prouver (1).

Or, ici le mot *titre* est pris dans le premier sens : la cause efficiente de la servitude réelle. Il est certain, en effet, qu'une servitude réelle peut être constituée autrement que par écrit (2).

Nous avons vu (n° 24) que ce mot *titre* comprendrait conséquemment, dans sa généralité, tous les modes d'établissement des servitudes réelles; et que c'est par une inexactitude de langage que le Code Napoléon désigne par ce mot, les faits seulement dans lesquels la volonté d'établir une servitude réelle se manifeste expressément. Nous disons d'une manière plus précise le *titre exprès*.

Cette dénomination même, *titre exprès*, peut s'appliquer à diverses sortes d'actes très-différents : 1° aux contrats, ou aux conventions, ainsi que le dit cet article que nous venons de citer (n° 24), et qui fait dériver les servitudes réelles proprement dites « *des* « *conventions entre les propriétaires* (3) »; 2° aux donations entre-vifs, qui sont bien au fond une espèce de contrat, mais qui sont soumises à des règles tellement spéciales que le Code Napoléon s'en occupe toujours à part; 3° enfin aux testaments.

Nous donnerons bientôt quelques détails sur chacun de ces actes.

26. Établissement des servitudes réelles par titre exprès.

Mais, avant d'étudier à part chaque espèce de titre

---

(1) Voyez M. Félix BERRIAT-SAINT-PRIX, Notes sur le Code civil, n° 2364; M. DEMOLOMBE, Cours de Code Napoléon, tome XII, n° 729; et MM. DU CAURROY, BONNIER et ROUSTAIN, Commentaire du Code civil, tome II, n°s 846 et 853.
(2) Voyez M. DEMOLOMBE, Cours de Code Napoléon, tome XII, n° 729.
(3) Code Napoléon, article 639.

exprès qui peut être employé pour l'établissement des servitudes réelles, constatons que tous cès modes sont applicables à toutes les servitudes réelles, qu'elles soient continues ou discontinues, apparentes ou non apparentes : « *Les servitudes continues et apparentes s'ac-* « *quièrent par titre... (1). » « Les servitudes continues* « *non apparentes, et les servitudes discontinues appa-* « *rentes ou non apparentes, ne peuvent s'établir que* « *par titres... (2). »*

C'est qu'en effet, « *Il est permis aux propriétaires* « *d'établir sur leurs propriétés, ou en faveur de leurs* « *propriétés, telles servitudes que bon leur semble...(3)»,* et que, dans tous ces cas, leur volonté n'est point douteuse, puisqu'elle est formellement exprimée.

Voyons maintenant ce qui concerne spécialement : I, les Contrats ; II, les Donations entre-vifs ; III, les Testaments.

I. — Les contrats.

27. Nature des conventions et des contrats.

On nomme *Convention* l'accord de plusieurs volon tés sur un même point.

Les Conventions peuvent avoir, en droit, plusieurs effets : l'un des plus importants est de produire des obligations.

Les Conventions qui produisent des obligations se nomment *Contrats :* « *Le Contrat est une convention* « *par laquelle une ou plusieurs personnes s'obligent*

---

(1) Code Napoléon, article 690.
(2) Code Napoléon, article 691.
(3) Code Napoléon, article 686.

« *envers une ou plusieurs autres, à donner, à faire*
« *ou à ne pas faire quelque chose* (1). »

En général les Contrats ne sont soumis, en droit français, à aucune forme particulière, à aucune solennité.

Les Contrats dans lesquels on s'oblige à donner, c'est-à-dire à transférer la propriété ou un autre droit réel, le transfèrent immédiatement, en vertu d'un nouveau principe posé par le Code Napoléon en ces termes : « *La propriété des biens s'acquiert et se transmet ... par l'effet des obligations* (2). » « ... *Elle* » (l'obligation de livrer la chose) « *rend le créancier propriétaire,... * (3). »

Cependant, aujourd'hui, les écrits, les actes, les titres (dans le sens abusif de ce mot), qui constatent cette translation, relativement à des immeubles, sont soumis à la formalité de la transcription : « *Sont transcrits au bureau des hypothèques de la situation des biens : — 1° Tout acte entre-vifs, translatif de propriété immobilière...* (4). » « *Jusqu'à la transcription, les droits résultant des actes ... énoncés aux articles précédents ne peuvent être opposés aux tiers qui ont des droits sur l'immeuble et qui les ont conservés en se conformant aux lois...* (5). »

28. Établissement des servitudes réelles par contrat.

Les Contrats, qui peuvent transférer la propriété entière, peuvent en transférer les démembrements ; et cette translation aussi a lieu immédiatement.

---

(1) Code Napoléon, article 1101.
(2) Code Napoléon, article 711.
(3) Code Napoléon, article 1138.
(4) Loi du 23 mars 1855, article 1.
(5) Loi du 23 mars 1855, article 3.

S'il s'agit donc d'une servitude réelle, elle sera immédiatement établie, dès que les parties se seront accordées sur son établissement (1).

Et cependant, aujourd'hui, l'écrit constatant ce contrat est soumis aussi à la formalité de la transcription : « *Sont également transcrits : — 1° Tout acte consti-* « *tutif... de servitude...* (2) » (3)

Les contrats au moyen desquels on établit le plus fréquemment des servitudes réelles sont la vente, l'échange, la transaction et le partage (4).

Quant au partage, spécialement, il s'élève une discussion entre les jurisconsultes. — Le partage peut être fait par les copropriétaires seuls, ou bien, dans certains cas, avec l'intervention du tribunal. A notre avis, il n'en reste pas moins toujours un contrat, et cette intervention judiciaire, que la loi exige quelquefois, dans l'intérêt de certains copartageants, ne lui fait pas changer de nature. Quelques auteurs (5) soutiennent, au contraire, que, dans ces cas, la translation de la propriété, l'établissement des servitudes, résultent d'un jugement : c'est à tort, selon nous. Ce serait d'abord dénaturer le sens de cette rubrique que nous avons déjà citée et dont nous avons reconnu l'exactitude : « *Des servitudes établies par le fait de l'homme* »; il est bien certain, en effet, que ces mots désignent les actes des simples particuliers, et non ceux de l'autorité judiciaire. Ce serait oublier cette disposition générale : « *Il est permis* AUX PROPRIÉTAIRES *d'établir*...

---

(1) Voyez M. DEMOLOMBE, Cours de Code Napoléon, tome XII, n° 780.

(2) Loi du 23 mars 1855, article 2.

(3) Voyez M. DEMOLOMBE, Cours de Code Napoléon, tome XII, n° 733.

(4) Voyez M. DEMOLOMBE, Cours de Code Napoléon, tome XII, n°ˢ 729 et 733.

(5) Voyez MM. DU CAURROY, BONNIER et ROUSTAIN, Commentaire du Code civil, tome II, n° 846; et PARDESSUS, Traité des servitudes, tome II, n° 273.

4.

« *telles servitudes que bon leur semble...* (1). » Ce serait méconnaître sur plusieurs points la pensée du législateur révélée par les articles suivants : « *Si les im-*
« *meubles ne peuvent pas se partager commodément,*
« *il doit être procédé à la vente par licitation ...* (2) » ;
« *Dans la formation et composition des lots, on doit*
« *éviter, autant que possible, de morceler les héri-*
« *tages ... ; et il convient de faire entrer dans chaque*
« *lot, s'il se peut, la même quantité.... d'immeubles,*
« *de droits ... de même nature et valeur* (3). »
« *L'inégalité des lots en nature se compense par un*
« *retour, soit en rente, soit en argent* (4). » Ce serait
enfin accorder aux tribunaux, en droit français, le
pouvoir exorbitant de transférer la propriété, de constituer des droits réels : ce pouvoir existait, pour le
juge, en droit romain, sous le nom d'Adjudication ;
mais il n'en est pas ainsi dans notre législation : les
juges aujourd'hui (sauf dans quelques cas très-rares)
doivent uniquement juger, c'est-à-dire, non point
créer des droits nouveaux, mais seulement rechercher
quels sont les droits préexistants, et les faire exécuter :
ce sont les particuliers qui disposent de leurs droits.
Si donc, dans un partage fait en justice, des servitudes
réelles sont établies, elles le sont, en réalité, par les
copartageants eux-mêmes, et au moyen d'un contrat (5).

Quoique le contrat, le simple accord des volontés
suffise pour l'établissement d'une servitude réelle, les

---

(1) Code Napoléon, article 684.
(2) Code Napoléon, article 827. Voyez encore Code Napoléon, article 1686.
(3) Code Napoléon, article 832.
(4) Code Napoléon, article 833.
(5) Voyez M. DEMOLOMBE, Cours de Code Napoléon, tome XII, n° 732, et
tome X, n° 232.

parties feront bien de constater par écrit cet établissement, non-seulement afin de faire transcrire cet acte,
ainsi que nous l'avons dit plus haut, mais encore pour
constituer d'avance un moyen facile de prouver l'existence de la servitude, si elle était un jour contestée.

Si cet écrit était perdu, il ne pourrait être remplacé
par d'autre écrit que par un acte dans lequel le propriétaire du fonds servant aurait reconnu volontaire-
ment l'existence de la servitude. C'est ce qu'indique
la loi, qui, pour désigner ces actes, ces écrits, prend
ici le mot *titre* dans le sens abusif que nous avons
signalé : « *Le titre constitutif de la servitude ... ne peut*
« *être remplacé que par un titre récognitif de la*
« *servitude, et émané du propriétaire du fonds as-*
« *servi* (1) » (2).

Si ce titre récognitif n'existait pas, il resterait encore
au propriétaire du fonds dominant d'autres moyens de
preuve, moins commodes, il est vrai ; ce sont : l'aveu
judiciaire du propriétaire du fonds servant (3), son
refus de prêter serment, ou le serment prêté par le
propriétaire du fonds dominant (4), et même l'audi-
tion de témoins, s'il existait un commencement de
preuve par écrit (5), ou si le titre primordial avait été
perdu ou détruit par force majeure (6) (7).

---

(1) Code Napoléon, article 695.

(2) Voyez M. Demolombe, Cours de Code Napoléon, tome XII, n° 752 ; et
MM. Du Caurroy, Bonnier et Roustain, Commentaire du Code civil, tome II,
n° 855.

(3) Voyez Code Napoléon, article 1356.

(4) Voyez Code Napoléon, articles 1358 et suivants.

(5) Voyez Code Napoléon, article 1347.

(6) Voyez Code Napoléon, article 1348-40.

(7) Voyez M. Demolombe, Cours de Code Napoléon, tome XII, n°* 750 et
755 ; et MM. Du Caurroy, Bonnier et Roustain, Commentaire du Code civil,
tome II, n°* 846 et 855.

De plus, si la servitude réelle dont il s'agit était à la fois continue et apparente, ce qui la rendrait susceptible d'être établie par la destination du père de famille ou d'être acquise par la prescription, et que toutes les conditions de l'un ou de l'autre de ces deux modes de constitution fussent accomplies, le propriétaire du fonds dominant pourrait encore invoquer celui de ces deux modes qui aurait servi à l'établir ; c'est ce que signifient ces mots que le Code ajoute dans l'article que nous avons cité : « *Le titre constitutif de la ser-* « *vitude*, A L'ÉGARD DE CELLES QUI NE PEUVENT S'AC- « QUÉRIR PAR LA PRESCRIPTION, *ne peut être remplacé* « *que par un titre récognitif de la servitude, et émané* « *du propriétaire du fonds asservi* (1) » (2).

Dans la partie du Code Napoléon, où le législateur a donné les règles générales relatives aux preuves, se trouve la disposition suivante : « *Les actes récognitifs* « *ne dispensent point de la représentation du titre* « *primordial, à moins que sa teneur n'y soit spéciale-* « *ment relatée...* (3). » Presque tous les auteurs refusent d'appliquer cette disposition au titre récognitif d'une servitude réelle. Leur décision nous parait complétement arbitraire ; car aucune dérogation n'est faite, pour notre matière spéciale, à la règle générale posée dans cet article. Nous pensons conséquemment que, pour prouver une servitude réelle, le titre qu'on représente comme récognitif doit contenir la teneur du titre primordial, et qu'il est insuffisant s'il ne fait

---

(1) Code Napoléon, article 695.

(2) Voyez M. Félix BERRIAT-SAINT-PRIX, Notes sur le Code civil, n° 2380 ; et M. DEMOLOMBE, Cours de Code Napoléon, tome XII, n° 754.

(3) Code Napoléon, article 1337.

que mentionner simplement l'existence d'une servitude réelle (1).

29. Nature et formes de la donation entre-vifs.

« *La donation entre-vifs est un acte par lequel le
« donateur se dépouille actuellement et irrévocablement
« de la chose donnée, en faveur du donataire qui l'ac-
« cepte* (2). »

: « *Tous actes portant donation entre-vifs seront
« passés devant notaires, dans la forme ordinaire
« des contrats; et il en restera minute, sous peine de
« nullité* (3). »

« *La donation entre-vifs n'engagera le donateur, et
« ne produira aucun effet, que du jour qu'elle aura été
« acceptée en termes exprès. — L'acceptation pourra
« être faite du vivant du donateur, par un acte posté-
« rieur et authentique, dont il restera minute; mais
« alors la donation n'aura d'effet à l'égard du dona-
« teur, que du jour où l'acte qui constatera cette ac-
« ceptation lui aura été notifié* (4). »

Quant à la transcription, le Code Napoléon lui-
même y avait assujetti expressément certaines donations : « *Lorsqu'il y aura donation de biens suscep-
« tibles d'hypothèques, la transcription des actes con-
« tenant la donation et l'acceptation, ainsi que la no-
« tification de l'acceptation qui aurait eu lieu par*

---

(1) Voyez M. Bonnier, Traité des preuves, 2ᵉ édition, n° 693; et M. Mour-
lon, Répétitions écrites sur le Code Napoléon, tome I, page 807.

(2) Code Napoléon, article 894.

(3) Code Napoléon, article 931.

(4) Code Napoléon, article 932.

« *acte séparé, devra être faite au bureau des hypo-*
« *thèques dans l'arrondissement desquels les biens sont*
« *situés* (1). » La loi nouvelle a d'abord généralisé
cette disposition qui n'était relative qu'aux donations
entre-vifs : « *Sont transcrits au bureau des hypothè-*
« *ques de la situation des biens : — 1° Tout acte entre-*
« *vifs, translatif de propriété immobilière ou de droits*
« *réels susceptibles d'hypothèque.....* (2) » et ensuite
elle a ajouté d'autres droits réels à ceux qu'elle venait
de mentionner d'après le Code Napoléon 3). Et, de
même que le Code Napoléon disait, en parlant des donations entre-vifs qu'il soumettait à la transcription :
« *Le défaut de transcription pourra être opposé par*
« *toute personne ayant intérêt.....* (4) », de même la
loi nouvelle ajoute : « *Jusqu'à la transcription, les*
« *droits résultant des actes..... énoncés aux articles*
« *précédents ne peuvent être opposés aux tiers qui ont*
« *des droits sur l'immeuble et qui les ont conservés en*
« *se conformant aux lois...* (5). »

30. Établissement des servitudes réelles par donation entre-vifs.

Les donations entre-vifs, qui peuvent transférer la
propriété entière, peuvent aussi en transférer les démembrements.

Mais nous venons de voir (n° 29) que la donation
entre-vifs fait exception à cette règle générale que nous
avons posée (n° 26), et d'après laquelle les contrats,
en droit français, ne sont soumis à aucune forme par-

---

(1) Code Napoléon, article 939.
(2) Loi du 23 mars 1855, article 1.
(3) Voyez Loi du 23 mars 1855, article 2.
(4) Code Napoléon, article 941.
(5) Loi du 23 mars 1855, article 3.

ticulière, à aucune solennité. Il faut donc, lorsqu'on veut établir, par ce moyen, une servitude réelle, remplir les formalités spéciales que nous avons fait connaître (n° 29) (1).

De plus, il faut aujourd'hui faire transcrire l'acte de donation qui constitue la servitude réelle, car la loi nouvelle ne dit plus seulement, comme le Code Napoléon, que la transcription doit être faite, lorsqu'il y a « *donation de biens susceptibles d'hypothèques* (2) »; à ces biens elle ajoute, avons-nous dit (n° 29), d'autres droits réels, et parmi ces droits se trouvent précisément les servitudes réelles : « *Sont également transcrits :* « 1° *Tout acte constitutif..... de servitude.....* (3). »

Il arrivera rarement qu'une servitude réelle établie par donation entre-vifs ne puisse pas être prouvée parce que l'acte même de donation, le titre primordial aurait été perdu; si cependant cela arrivait, il faudrait évidemment appliquer au titre récognitif de cette servitude tout ce que nous avons dit (n° 28) du titre récognitif d'une servitude réelle établie par contrat.

III. — *Les testaments.*

31. Nature et formes des testaments. — Legs.

« *Le testament est un acte par lequel le testateur* « *dispose, pour le temps où il n'existera plus, de tout* « *ou partie de ses biens, et qu'il peut révoquer* (4). »

Cette disposition est ce qu'on nomme un *legs*. Les testaments, en droit français, à la différence du droit

---

(1) Voyez M. Demolombe, Cours de Code Napoléon, tome XII, n° 780.

(2) Code Napoléon, article 939.

(3) Loi du 23 mars 1855, article 2.

(4) Code Napoléon, article 895.

romain, ne contiennent plus, à proprement parler, d'institution d'héritier : car on entend par *héritiers* aujourd'hui ceux que la loi elle-même appelle à la succession d'un défunt. Les testaments, outre des nominations de tuteurs dans certains cas, ne peuvent contenir que des legs.

« *Un testament pourra être olographe, ou fait par acte public, ou dans la forme mystique* (1). »

1° Testament olographe : « *Le testament olographe ne sera point valable, s'il n'est écrit en entier, daté et signé de la main du testateur : il n'est assujetti à aucune autre forme* (2). »

2° Testament par acte public : « *Le testament par acte public est celui qui est reçu par deux notaires, en présence de deux témoins, ou par un notaire, en présence de quatre témoins* (3). » — « *Si le testament est reçu par deux notaires, il leur est dicté par le testateur et il doit être écrit par l'un de ces notaires, tel qu'il est dicté. — S'il n'y a qu'un notaire, il doit également être dicté par le testateur et écrit par ce notaire. — Dans l'un et l'autre cas, il doit en être donné lecture au testateur, en présence des témoins. — Il est fait du tout mention expresse* (4). » — « *Ce testament doit être signé par le testateur : s'il déclare qu'il ne sait ou ne peut signer, il sera fait dans l'acte mention expresse de sa déclaration, ainsi que de la cause qui l'empêche de signer* (5). » — « *Le testament devra être signé par les témoins ; et néanmoins, dans les campagnes, il suffira qu'un des deux*

---

(1) Code Napoléon, article 969.
(2) Code Napoléon, article 970.
(3) Code Napoléon, article 971.
(4) Code Napoléon, article 972.
(5) Code Napoléon, article 973.

« témoins signe, si le testament est reçu par deux no-
« taires, et que deux des quatre témoins signent, s'il
« est reçu par un notaire (1). »

3° Testament dans la forme mystique : « *Lorsque le*
« *testateur voudra faire un testament mystique ou se-*
« *cret, il sera tenu de signer ses dispositions, soit qu'il*
« *les ait écrites lui-même, ou qu'il les ait fait écrire*
« *par un autre. Sera le papier qui contiendra ses dis-*
« *positions, ou le papier qui servira d'enveloppe, s'il*
« *y en a une, clos et scellé. Le testateur le présentera*
« *ainsi clos et scellé au notaire, et à six témoins au*
« *moins, ou il le fera clore et sceller en leur présence ;*
« *et il déclarera que le contenu en ce papier est son*
« *testament écrit et signé de lui, ou écrit par un autre*
« *et signé de lui : le notaire en dressera l'acte de sus-*
« *cription, qui sera écrit sur ce papier ou sur la feuille*
« *qui servira d'enveloppe ; cet acte sera signé tant par*
« *le testateur que par le notaire, ensemble par les té-*
« *moins. Tout ce que dessus sera fait de suite et sans*
« *divertir à autres actes ; et en cas que le testateur, par*
« *un empêchement survenu depuis la signature du tes-*
« *tament, ne puisse signer l'acte de suscription, il sera*
« *fait mention de la déclaration qu'il en aura faite,*
« *sans qu'il soit besoin en ce cas d'augmenter le nom-*
« *bre des témoins (2). »* — « *Si le testateur ne sait si-*
« *gner, ou s'il n'a pu le faire lorsqu'il a fait écrire*
« *ses dispositions, il sera appelé à l'acte de suscrip-*
« *tion un témoin, outre le nombre porté par l'article*
« *précédent, lequel signera l'acte avec les autres té-*
« *moins : et il y sera fait mention de la cause pour*
« *laquelle ce témoin aura été appelé (3). »*

---

(1) Code Napoléon, article 674.
(2) Code Napoléon, article 976.
(3) Code Napoléon, article 977.

Les testaments ne sont pas soumis à la formalité de la transcription. Le Code Napoléon est muet sur ce point, et la loi nouvelle semble même avoir voulu les exclure, puisqu'elle porte formellement : « *Sont trans-* « *crits... 1° Tout acte entre-vifs...* (1). »

Telles sont les principales règles générales du droit français sur les différentes formes qui peuvent être employées pour la confection des testaments. Mais dans quelques cas particuliers, ces formes ne sont pas toutes exigées, et les testaments sont soumis, quant à leurs formes, à quelques règles spéciales. Sans entrer dans les détails, qu'il nous suffise de dire que ces règles concernent :

1° « *Les testaments des militaires et des individus* « *employés dans les armées...* (2) » (3) ;

2° « *Les testaments faits dans un lieu avec lequel* « *toute communication sera interceptée à cause de la* « *peste ou autre maladie contagieuse...* (4) » (5) ;

3° *Les testaments faits sur mer, dans le cours* « *d'un voyage...* (6) » (7) ;

4° enfin, les testaments des Français qui se trouveraient en pays étranger (8).

32. Établissement des servitudes réelles par testament.

Comme les donations entre-vifs, comme les contrats, les testaments peuvent transférer la propriété

---

(1) Loi du 23 mars 1855, article 1.
(2) Code Napoléon, article 981.
(3) Voyez Code Napoléon, articles 981 à 984, 998 et 1001.
(4) Code Napoléon, article 985.
(5) Voyez Code Napoléon, articles 985 à 987, 998 et 1001.
(6) Code Napoléon, articles 988.
(7) Voyez Code Napoléon, articles 988 à 998 et 1001.
(8) Voyez Code Napoléon, articles 999 à 101.

entière ou en transférer seulement des démembrements.

Nous avons vu (n° 31) quelles sont les différentes
formes de testaments; nous avons vu que dans toutes
il faut un acte écrit. Lors donc qu'on veut établir une
servitude réelle par testament, il faut le faire par écrit
et remplir en outre les autres formalités que nous
avons fait connaître (1).

Nous savons de plus (n° 31), que la transcription
n'est jamais nécessaire pour les testaments.

Enfin, dans le cas où une servitude réelle aurait été
établie par testament, et où elle ne pourrait pas être
prouvée, parce que ce titre primordial aurait été
perdu, il faudrait encore appliquer au titre récognitif
de cette servitude tout ce que nous avons dit (n° 28)
du titre récognitif d'une servitude réelle établie par
contrat.

§ 2. — LA DESTINATION DU PÈRE DE FAMILLE.

33. Nature de la destination du père de famille.

Le mot *familia* désignait, dans l'ancien droit romain, l'ensemble des biens de quelqu'un, sa fortune,
son patrimoine; le mot *paterfamilias,* qui s'est conservé plus longtemps, désignait le chef de cette fortune, le chef de ce patrimoine, le propriétaire. Le
législateur français a, dans plusieurs dispositions, employé, comme traduction, peut-être trop littérale, de ce
mot, l'expression de père de famille.

La destination du père de famille serait donc,
d'une manière générale, l'intention d'un pro-

---

(1) Voyez M. Demolombe, Cours de Code Napoléon, tome XII, n° 730.

priétaire de consacrer une chose à tel service déterminé.

Mais cette locution n'est guère usitée que pour indiquer le mode spécial d'établissement des servitudes réelles que nous allons étudier ; et alors elle signifie l'intention d'un propriétaire ayant deux immeubles, de consacrer l'un d'eux, d'une manière permanente, à tel service déterminé au profit de l'autre (1). C'est en vertu de son droit de propriété sur les deux immeubles que le propriétaire établit ce service.

Ce n'est point là une servitude réelle, car « *Une* « *servitude est une chargé imposée sur un héritage* « *pour l'usage et l'utilité d'un héritage* APPARTENANT « A UN AUTRE PROPRIÉTAIRE (2) » (3).

Mais si, par un événement quelconque (aliénation de l'un ou de l'autre de ces immeubles, ou de tous les deux, mais au profit de deux personnes différentes, ou partage entre les héritiers du propriétaire), ces deux fonds viennent à être séparés et appartiennent à deux propriétaires différents, alors ce service pourra devenir une véritable servitude réelle. La loi, même en dehors de toute manifestation expresse de volonté à cet égard de la part des propriétaires, mais dans les cas seulement où elle rencontre le concours de certaines circonstances qu'elle a soin de déterminer, la loi présume qu'ils connaissaient exactement cet état et que leur intention tacite a été de maintenir le service existant, et de ne point changer la destination que le propriétaire unique avait donnée à l'un de ces fonds par rapport à l'autre. Mais comme ces fonds appartiennent au-

---

(1) Voyez M. Félix BERRIAT-SAINT-PRIX, Notes sur le Code civil, nos 1565 et 2370 ; et M. DEMOLOMBE, Cours de Code Napoléon, tome XII, nos 810 et 811.

(2) Code Napoléon, article 637.

(3) Voyez M. DEMOLOMBE, Cours de Code Napoléon, tome XII, n° 804.

jourd'hui à deux personnes différentes, ce service devient une servitude réelle. Tel est le mode d'établissement des servitudes réelles, que le Code Napoléon appelle destination du père de famille (1).

34. Établissement des servitudes réelles par destination du père de famille.

Pour admettre une servitude réelle comme résultant de la destination du père de famille, la loi exige 1° que le propriétaire, qui prétend avoir, par ce moyen, une servitude réelle au profit de son fonds, prouve que les deux fonds ont appartenu au même propriétaire.

De plus, afin qu'aucun doute ne s'élève sur l'intention de ce propriétaire unique, elle veut :

2° Que le service dont il s'agit soit continu, c'est-à-dire qu'il n'ait pas besoin du fait actuel de l'homme pour être exercé;

3° Qu'il soit apparent, c'est-à-dire qu'il s'annonce par un signe extérieur;

Et enfin 4° que le propriétaire du fonds prétendu dominant prouve encore que ce signe extérieur provient de ce propriétaire unique.

Ce n'est qu'à ces conditions que la loi présume l'intention, la destination du père de famille, et qu'elle lui reconnaît la même force qu'à un titre exprès de constitution de servitude réelle : « *La destination du* « *père de famille vaut titre à l'égard des servitudes* « *continues et apparentes* (2). » « *Il n'y a destina-*

***

(1) Voyez POTHIER, Coutume d'Orléans, commentaire de l'article 228; M. DEMOLOMBE, Cours de Code Napoléon, tome XII, nos 804 et 805; MM. Du CAURROY, BONNIER et ROUSTAIN, Commentaire du Code civil, tome II, no 881; et MARCADÉ, Cour de droit civil français, explication des articles 692 et 693, no 1.

(2) Code Napoléon, article 692.

« tion du père de famille que lorsqu'il est prouvé que
« les deux fonds actuellement divisés ont appartenu
« au même propriétaire, et que c'est par lui que les
« choses ont été mises dans l'état duquel résulte la
« servitude (1). »

Mais la loi ne limite pas les moyens de preuve que pourra employer le propriétaire du prétendu fonds dominant : il pourra donc se servir, pour établir l'un et l'autre de ces deux faits, même de la preuve testimoniale. C'est évident, en ce qui concerne le second : « que c'est par lui que les choses ont été mises dans « l'état duquel résulte la servitude. » Il en est de même, à notre avis, pour le premier : « que les deux « fonds....... ont appartenu au même propriétaire », car ce qu'il importe de savoir, ce n'est pas si cette personne était véritable et légitime propriétaire, mais seulement si, en fait, elle possédait les deux fonds ; or la possession peut toujours être prouvée par témoins (2).

Telle est, d'après nous, la théorie complète de la destination du père de famille.

Appendice au § 2.

55. Continuation des Servitudes réelles, lorsque les fonds entre lesquels elles ont été établies, après avoir appartenu au même propriétaire, sont de nouveau séparés.

Le législateur, après avoir réglementé le mode d'établissement des servitudes réelles, qu'il appelle la

---

(1) Code Napoléon, article 693.

(2) Voyez M. Demolombe, Cours de Code Napoléon, tome XII, n° 813 ; MM. Du Caurroy, Bonnier et Roustain, Commentaire du Code civil, tome II, n° 543 ; et Marcadé, Cours de droit civil français, explication des articles 692 et 693, n° 2.

destination du père de famille, a été amené naturellement à réglementer une autre hypothèse ayant avec
la précédente un certain rapport de ressemblance,
mais s'en distinguant néanmoins d'une manière bien
nette. Nous connaissons (n° 34) les deux articles qui
s'occupent de la destination du père de famille (1);
voici celui qui fait connaître cette nouvelle hypothèse :
« *Si le propriétaire de deux héritages entre lesquels*
« *il existe un signe apparent de servitude, dispose de*
« *l'un des héritages sans que le contrat contienne*
« *aucune convention relative à la servitude, elle con-*
« *tinue d'exister activement ou passivement en faveur*
« *du fonds aliéné ou sur le fonds aliéné* (2). »

Dans l'un et dans l'autre cas, il s'agit de deux fonds
entre lesquels il existe un service qui constituerait une
servitude réelle si les deux fonds appartenaient à des
propriétaires différents, mais auquel on ne peut donner ce nom, parce qu'ils appartiennent au même propriétaire : au moment où ces deux fonds sont séparés,
ce service, si les conditions déterminées par la loi se
rencontrent, prend le nom de servitude réelle. Telle
est la ressemblance.

Mais, dans le premier cas, le service a été établi par
ce propriétaire unique : « *Il n'y a destination du*
« *père de famille que lorsqu'il est prouvé...... que c'est*
« *par lui que les choses ont été mises dans l'état du-*
« *quel résulte la servitude* (3). » Dans le second, au
contraire, une servitude réelle existait entre les deux
fonds, avant qu'il devînt propriétaire de l'un et de
l'autre : ce n'est pas par lui que les choses ont été

---

(1) Voyez Code Napoléon, articles 692 et 693.
(2) Code Napoléon, article 694.
(3) Code Napoléon, article 693.

mises en cet état; en effet, la loi nous dit : « *Si le pro-*
« *priétaire de deux héritages entre lesquels il existe*
« *un signe apparent de servitude......* (1) » ; or, la
servitude que ce signe indique n'a pas pu être établie
par ce propriétaire unique, elle existait donc auparavant.

« Cette différence, dans l'hypothèse elle-même, entraîne une différence bien marquée dans la manière
dont la loi exprime les effets produits, suivant l'un ou
l'autre cas, par la séparation des deux fonds. Dans le
cas de destination du père de famille, il s'agit d'établir
une servitude réelle qui n'a jamais existé, et la loi dit
que, pour cet établissement, l'intention présumée du
propriétaire unique « *vaut titre* », c'est-à-dire titre exprès, cause expresse d'acquisition. Ici, au contraire, la
servitude n'est pas à établir : elle a été autrefois établie
par un mode qui convenait à ses caractères, elle n'a
fait que changer de nom pendant un certain temps,
sans cesser d'exister, et, lorsque le propriétaire « *dis-*
« *pose de l'un des héritages,...........* ELLE CONTINUE
« D'EXISTER...... (2) », en reprenant son nom primitif
de servitude réelle.

« Aussi les conditions exigées par la loi ne sont pas
les mêmes dans les deux hypothèses. Pour que, dans
le silence des parties, la servitude réelle soit présumée,
comme résultant de la destination du père de famille
(ce qui est le premier cas), il faut qu'elle soit à la fois
continue et apparente : « *La destination du père de*
« *famille vaut titre à l'égard des servitudes continues*
« *et apparentes* (3). » Dans le second cas, il suffit

---

(1) Code Napoléon, article 694.
(2) Code Napoléon, article 694.
(3) Code Napoléon, article 692.

qu'entre les héritages « *il existe un signe apparent de* « *servitude* (1) » ; la loi n'exige plus la continuité; et, en effet, puisque cette servitude a existé autrefois, si elle n'est pas continue, elle a donc été établie par titre exprès; c'est ce titre exprès qui lui donne encore aujourd'hui toute sa validité, et la loi n'exige un signe apparent que comme démontrant d'une manière certaine l'intention commune des parties de maintenir l'état de choses actuel, en lui restituant son nom primitif.

Cette manière d'expliquer cette disposition ne nous paraît point divinatoire, ainsi qu'on le dit; elle nous semble, au contraire, résulter parfaitement des termes employés par la loi. La seule objection sérieuse qu'on puisse lui adresser est tirée de ce texte : « *Toute ser-* « *vitude est éteinte lorsque le fonds à qui elle est* « *due, et celui qui la doit, sont réunis dans la même* « *main* (2). » Mais il faut remarquer que ce mode d'extinction, la confusion, c'est-à-dire la réunion en la même personne de deux qualités contradictoires, neutralise plutôt qu'elle n'éteint, à proprement parler, les droits et les devoirs dérivant de ces qualités; c'est plutôt une impossibilité d'exercer ces droits, de remplir ces devoirs, que ce n'en est une destruction : mais, comme presque toujours le résultat est le même, les rédacteurs du Code Napoléon ont cru pouvoir admettre, en règle générale, la confusion parmi les modes d'extinction des droits. Dans l'hypothèse que nous avons examinée, le droit de servitude réelle n'a même pas cessé d'être exercé, il a seulement, pendant un certain temps, été exercé sous un autre nom; et, en

---

(1) Code Napoléon, article 694.
(2) Code Napoléon, article 705.

définitive, la loi dit formellement, qu'après la séparation des héritages, il « *continue d'exister.* »

Cette interprétation, du reste, est celle qui a été donnée très-explicitement par le tribun Albisson, dans son rapport sur le titre « *des servitudes ou services fonciers.* » Après avoir exposé la théorie du projet de loi, sur la destination du père de famille, il ajoute : « Autre question sur laquelle il était important de « fixer la législation. — Le propriétaire de deux héri- « tages, dont l'un, avant leur réunion dans sa main, « devait un service à l'autre, vient à disposer de l'un « ou de l'autre, sans qu'il soit fait aucune mention de « la servitude dans l'acte d'aliénation : la servitude ac- « tive ou passive continue-t-elle d'exister ? — On pou- « vait opposer, et on opposait en effet que toute ser- « vitude étant éteinte lorsque le fonds à qui elle est « due et celui qui la doit sont réunis dans la même « main...., il était indispensable, pour la conservation « de la servitude, qu'elle eût été réservée expressé- « ment dans l'acte d'aliénation. — Mais on ne pré- « voyait pas le cas où, la chose parlant d'elle-même, « la réservation ne devenait plus nécessaire ; et c'est « ce cas que le projet prévoit très-sagement. Ainsi, « dans l'espèce supposée, si la chose parle d'elle- « même, c'est-à-dire, comme s'explique le projet, *s'il* « *existe entre les deux héritages un signe apparent* « *de servitude,* le silence des contractants n'empêchera « pas qu'elle ne continue d'exister, activement ou « passivement, en faveur du fonds aliéné ou sur le « fonds aliéné (1). » (2)

---

(1) ALBISSON, Rapport fait au Tribunat, le 28 janvier 1804, sur le titre « Des Servitudes ou Services fonciers. » (Voyez FENET, Travaux préparatoires du Code civil, tome XI, page 328.)

(2) Voyez M. Félix BERRIAT-SAINT-PRIX, Notes sur le Code civil, n°s 2375 et

Cette interprétation cependant est loin d'être admise par tous les jurisconsultes. La plupart d'entre eux pensent, à cause de la place de cet article, qu'il se rapporte, comme les deux précédents, à l'hypothèse de la destination du père de famille : ils voient une espèce identique, là où nous avons cru voir deux espèces différentes, bien qu'ayant entre elles une certaine analogie, et ils ont imaginé plusieurs systèmes pour expliquer cet article avec cette donnée.

Une observation applicable à deux de ces systèmes, c'est qu'on ne comprend pas l'utilité de ce nouvel article relatif à la destination du père de famille, lorsque les deux précédents avaient donné sur ce mode d'établissement des servitudes réelles une théorie qui semble complète. Bien plus, cette disposition nouvelle, s'appliquant, dit-on, au même cas que les précédentes, présente pourtant avec elles une antinomie évidente : elle exige seulement qu' « *il existe un signe apparent* « *de servitude* », tandis que précédemment il fallait que les servitudes fussent à la fois « *continues et ap-* « *parentes* ». Pour faire cesser cette contradiction, tantôt on ajoute la nécessité de la continuité de la servitude réelle dans l'article qui ne demande que l'apparence : c'est le premier système ; tantôt on la retranche dans l'article qui l'exige en même temps que l'apparence : c'est le second système. — Il est inutile, ce nous semble, de répondre à des interprétations aussi arbitraires (1).

2377 2e interprétation ; M. Demolombe, Cours de Code Napoléon, tome XII, n° 820 ; MM. Du Caurroy, Bonnier et Roustain, Commentaire du Code civil, tome II, n° 834 ; et Marcadé, Cours de Droit civil français, explication de l'article 694, n° 3.

(1) Voyez M. Félix Berriat-Saint-Prix, Notes sur le Code civil, n° 2377, 1re interprétation ; M. Demolombe, Cours de Code Napoléon, tome XII, n°s 817

Dans un troisième système on prétend que le dernier de ces articles, celui qui n'exige que l'apparence, est venu restreindre le nombre des cas d'application de celui qui exige de plus la continuité, et qui semble, par ses termes généraux, devoir s'appliquer toujours, par quelque moyen que les deux fonds aient été séparés. On fait remarquer que cet article porte : « *Si le pro-* « *priétaire... dispose de l'un des héritages...* » ; donc, dit-on, l'article général ne comprend pas le cas où c'est le propriétaire lui-même qui dispose, et se trouve limité au cas de partage. Quelques-uns poussent même plus loin la distinction ; ils font remarquer, en outre, que cet article porté encore : « *... sans que le contrat* « *contienne aucune convention relative à la servi-* « *tude...* », et dès lors, ils ne limitent pas l'article général seulement au cas de partage ; ils l'étendent encore aux dispositions faites par le propriétaire lui-même, toutes les fois qu'elles n'ont pas eu lieu par contrat, quand elles ont eu lieu, par exemple, par testament. — Mais les partisans de ce système ne font reposer sur aucun motif rationnel toutes ces distinctions. De plus leur premier argument de texte leur fait défaut ; car, dans un partage, les copartageants sont bien *propriétaires* et *disposent* des objets compris dans la masse. Enfin la sous-distinction entre les contrats et les autres manières de disposer, nous semble tout-à-fait puérile et étrangère à la pensée du législateur (1).

---

et 818 ; MM. Du Caurroy, Bonnier et Roustain, Commentaire du Code civil, tome II, n° 854 ; et Marcadé, Cours de Droit civil français, explication de l'article 694, n° 1.

(1) Voyez M. Félix Berriat-Saint-Prix, Notes sur le Code civil, n°s 2375 et 2377, 8ᵉ interprétation ; M. Demolombe, Cours de Code Napoléon, tome XII, n° 819 ; MM. Du Caurroy, Bonnier et Roustain, Commentaire du Code civil, n° 854 ; et Marcadé, Cours de droit civil français, explication de l'art. 694, n° 1.

Enfin, d'après un dernier système, il faut bien, en général, pour qu'il y ait établissement de servitude réelle par destination du père de famille, que cette servitude soit à la fois continue et apparente, et cependant, alors même qu'elle ne serait pas continue, s' « *il existe* « *un signe apparent de servitude* », et si, de plus, la séparation des fonds a eu lieu « *sans que le contrat* « *contienne aucune convention relative à la servitude* », l'établissement de cette servitude sera possible encore par la destination du père de famille. Mais, pour qu'on sache si vraiment les parties ont gardé le silence sur ce point, s'il est vrai « *que le contrat ne contienne aucune* « *convention relative à la servitude* », il faut que ce contrat (la loi désignerait par ce mot l'écrit qui constate l'existence de la servitude) il faut que ce contrat soit représenté afin qu'on puisse s'assurer, en le lisant, que les parties n'ont pas voulu changer l'état de choses actuel. Si l'écrit n'est pas représenté, la servitude ne peut être établie, à moins qu'elle ne soit à la fois continue et apparente (1). — Mais cette distinction nous semble encore reposer sur un fait qui, en réalité, n'est pas mentionné dans le texte, et que les partisans de ce système supposent arbitrairement, car, à notre avis, ces mots auxquels on veut donner une si grande importance : « *sans que le contrat contienne aucune con-* « *vention relative à la servitude* » signifient tout simplement *dans le silence des parties, si elles ne se sont pas expliquées sur le point de l'établissement de la servitude*, car, si elles se sont expliquées dans un sens ou dans un autre, il n'y a qu'à exécuter

____

(1) Voyez M. Félix BÉRIAT-SAINT-PRIX, Notes sur le Code civil, no 2377, 4e interprétation ; M. DEMOLOMBE, Cours de Code Napoléon, tome XII, n° 831 ; MM. Du CAURROY, BONNIER et ROUSTAIN, Commentaire du Code civil, tome II, n° 851 ; et MARCADÉ, Cours de Droit civil français, explication de l'art. 694, n° 3.

leur volonté expresse, et il n'est pas besoin de recourir à des présomptions.

§ 3. — LA PRESCRIPTION.

58. Nature et conditions de la prescription.

Nous avons fait connaître (tome I, n° 56) l'étymologie et l'origine du mot prescription, dont le sens est aujourd'hui complétement détourné de son acception première.

« *La prescription est un moyen d'acquérir ou de se* « *libérer par un certain laps de temps, et sous les* « *conditions déterminées par la loi* (1). »

Nous ne considérons ici la prescription que comme un des modes d'établissement des servitudes réelles ; nous avons donc à nous occuper uniquement de la prescription acquisitive, et non de la prescription libératoire.

La prescription acquisitive est elle-même de trois espèces : 1° prescription par un laps de trente ans (2) ; 2° prescription par un laps de dix à vingt ans (3) ; 3° prescription instantanée (4). (5) Mais, comme la prescription instantanée ne s'applique qu'aux meubles corporels (6), et que les servitudes réelles sont des immeubles incorporels, nous ne parlerons que des deux premières espèces.

---

(1) Code Napoléon, article 2219.

(2) Voyez Code Napoléon, article 2262.

(3) Voyez Code Napoléon, article 2265.

(4) Voyez Code Napoléon, article 2279.

(5) Voyez MARCADÉ, De la prescription, explication de l'article 2219, n° 8.

(6) Voyez M. Félix BERRIAT-SAINT-PRIX, Notes sur le Code civil, n° 0358-3° ; et MARCADÉ, De la prescription, explication de l'article 2219, n° 8.

Dans l'un comme dans l'autre cas, pour acquérir une chose par prescription, il est nécessaire de la posséder pendant le temps déterminé : « *Pour pouvoir* « *prescrire, il faut une possession*... (1) » (2)

Or, la possession se compose de deux éléments : le fait de détenir matériellement une chose, de l'avoir en sa puissance, et l'intention d'en être propriétaire. Dès lors la possession proprement dite ne pourrait pas s'appliquer aux choses incorporelles, puisqu'elles ne peuvent pas être détenues ; mais, par rapport à elles, on a accordé les mêmes effets à la réunion des deux éléments analogues, savoir : le fait d'exercer un droit, et l'intention d'être maître de cé droit : c'est ce qu'on a appelé la quasi-possession. Le Code Napoléon emploie, pour l'une comme pour l'autre, la dénomination de possession : « *La possession est la détention*... « *d'une chose... que nous tenons... par nous-mêmes,* « *ou par un autre qui la tient en notre nom* (3) », « *ou la jouissance... d'un droit... que nous exerçons par* « *nous-mêmes, ou par un autre... qui l'exerce en notre* « *nom* (4). » (5)

« *Pour pouvoir prescrire, il faut une possession* « *continue et non interrompue, paisible, publique,* « *non équivoque, et à titre de propriétaire* (6). »

Nous connaissons déjà la dernière de ces conditions. Nous savons que celui qui détiendrait une chose, sans avoir l'intention d'en être propriétaire ,

---

(1) Code Napoléon, article 2229.

(2) Voyez M. Félix BERRIAT-SAINT-PRIX, Notes sur le Code civil, n° 9075.

(3) Code Napoléon, article 2228.

(4) Code Napoléon, article 2228.

(5) Voyez M. Félix BERRIAT-SAINT-PRIX, Notes sur le Code civil, n°s 9123, 9117-2° et 9118 ; et MARCADÉ, De la prescription, explication de l'art. 2228, n° 1.

(6) Code Napoléon, article 2229.

non-seulement n'en aurait pas la possession nécessaire pour prescrire, mais n'en aurait même pas, à
proprement parler, la possession : « *Ceux qui possè-*
« *dent pour autrui, ne prescrirent jamais, par quelque*
« *laps de temps que ce soit.* — *Ainsi, le fermier, le*
« *dépositaire, l'usufruitier, et tous autres qui dé-*
« *tiennent précairement la chose du propriétaire,*
« *ne peuvent la prescrire* (1) » (2); et de même, « *Les*
« *actes de pure faculté et ceux de simple tolérance*
« *ne peuvent fonder ni possession ni prescription* (3). »
Les actes « *de simple tolérance* » sont ceux que le
propriétaire de la chose sur laquelle ils s'exercent
pourrait empêcher, mais qu'il supporte par complaisance (4). Quant aux « *actes de pure faculté,* » on peut
penser que la loi a probablement voulu désigner, par
ces mots, l'abstention, de la part d'un propriétaire,
d'actes de pure faculté, c'est-à-dire, qu'il est libre de
faire ou de ne pas faire, et elle déciderait alors que
cette abstention ne peut fonder pour personne une
prescription à l'effet d'acquérir le droit d'empêcher
ces actes à l'avenir (5); à moins qu'on ne préfère entendre, par ces mots, les actes qui sont faits par quelqu'un, non en vertu d'un droit à lui propre, mais
en vertu d'un droit qui appartient à une universalité
dont il est membre (6).

---

(1) Code Napoléon, article 2236.

(2) Voyez M. Félix BERRIAT-SAINT-PRIX, Notes sur le Code civil, n° 9138-6°; et MARCADÉ, De la prescription, explication des articles 2229-2234, n° 6.

(3) Code Napoléon, article 2232.

(4) Voyez MARCADÉ, De la prescription, explication des articles 2229-2234, n° 6.

(5) Voyez M. Félix BERRIAT-SAINT-PRIX, Notes sur le Code civil, n°ˢ 9147 et 9149-2°.

(6) Voyez M. Félix BERRIAT-SAINT-PRIX, Notes sur le Code civil, n° 9149-3°; et MARCADÉ, De la prescription, explication des articles 2229-2234, n° 6.

De plus, il faut que la possession soit :

2° *Continue*, c'est-à-dire, s'exerçant par des actes aussi fréquents que le demande régulièrement la nature du bien possédé (1).

3° *Non-interrompue*, c'est-à-dire, n'ayant jamais cessé d'exister. Or, « *La prescription peut être inter-* « *rompue ou naturellement ou civilement* (2). » « *Il y* « *a interruption naturelle, lorsque le possesseur est* « *privé, pendant plus d'un an, de la jouissance de* « *la chose, soit par l'ancien propriétaire, soit même* « *par un tiers* (3). » et aussi, lorsqu'il renonce de lui-même et au fait de la détention et à l'intention d'être propriétaire. — « *Une citation en justice,..., signifiée* « *à celui qu'on veut empêcher de prescrire, forment* « *l'interruption civile* (4). » « *La citation en conci-* « *liation devant le bureau de paix, interrompt la* « *prescription, du jour de sa date, lorsqu'elle est sui-* « *vie d'une assignation en justice donnée dans les dé-* « *lais de droit* (5). » « *La prescription est interrom-* « *pue par la reconnaissance que... le possesseur* « *fait du droit de celui contre lequel il prescri-* « *vait* (6). » (7)

4° *Paisible*, c'est-à-dire, n'étant ni fondée sur des actes de violence : « *Les actes de violence ne peuvent* « *fonder... une possession capable d'opérer la pres-* « *cription. — La possession utile ne commence que*

---

(1) Voyez M. Demolombe, Cours de Code Napoléon, tome XII, n° 786 ; et Marcadé, De la prescription, explication des articles 2229-2234, no 1.

(2) Code Napoléon, article 2242.

(3) Code Napoléon, article 2243.

(4) Code Napoléon, article 2244.

(5) Code Napoléon, article 2245.

(6) Code Napoléon, article 2248.

(7) Voyez Marcadé, De la prescription, explication des articles 2229-2234, n° 2.

« *lorsque la violence a cessé* (1). » ; ni troublée par des actes de violence. Ce caractère est relatif, et, pour que la possession ne soit pas paisible, il faut que les actes de violence proviennent du possesseur contre le propriétaire, ou réciproquement (2).

5° *Publique*, c'est-à-dire, pouvant être connue, n'étant pas clandestine. Ce caractère encore est relatif, et, pour que la possession ne soit pas publique, il faut qu'elle ait été cachée à celui contre qui on prescrit (3).

6° Enfin, *non-équivoque*, c'est-à-dire présentant d'une manière certaine, manifeste, tous les caractères précédents. La loi ne permet pas ici au juge de se décider, à défaut de certitude complète, pour l'opinion qui lui paraît la plus probable. S'il y a doute dans son esprit, il doit rejeter la prétention de celui qui soutient avoir prescrit. Or, il peut y avoir doute sur le fait même de la détention, sur l'intention du détenteur d'être propriétaire, et sur les divers caractères que doit avoir la possession : continue, paisible, publique, Seule, l'interruption ou la non interruption ne peut pas être douteuse, équivoque, parce que seule elle résulte de faits précis qui existent complétement ou n'existent pas du tout (4).

Outre la possession pendant le temps déterminé, il faut encore, soit pour la prescription trentenaire, soit pour la prescription de dix à vingt ans, que ce moyen

---

(1) Code Napoléon, article 2233.

(2) Voyez M. Félix BARRIAT-SAINT-PRIX, Notes sur le Code civil, n°° 9132 et 9189 ; et MARCADÉ, De la prescription, explication des articles 2229-2234, n° 4.

(3) Voyez M. Félix BARRIAT-SAINT-PRIX, Notes sur le Code civil, n°° 9133 et 9189 ; et MARCADÉ, De la prescription, explication des articles 2229-2234, n° 5.

(4) Voyez M. Félix BARRIAT-SAINT-PRIX, Notes sur le Code civil, n° 9134 ; et MARCADÉ, De la prescription, explication des articles 2229-2234, n° 7.

d'acquisition soit formellement invoqué par le possesseur: « *Les juges ne peuvent pas suppléer d'office* « *le moyen résultant de la prescription* (1). » (2)

Ce sont là les seules conditions requises pour la prescription trentenaire: 1° la possession, 2° le laps de trente ans, et 3° l'invocation de ce moyen d'acquisition: « *Toutes les actions... réelles... sont pres* « *crites par trente ans, sans que celui qui allègue* « *cette prescription soit obligé d'en rapporter un ti* « *tre, ou qu'on puisse lui opposer l'exception déduite* « *de la mauvaise foi* (3). » (4)

Quant à la prescription de dix à vingt ans, au contraire, ces deux autres conditions sont nécessaires, savoir : 4° un juste titre, et 5° la bonne foi du possesseur (5).

Mais d'abord sur quoi se fonde cette variation dans la durée du laps de temps? La prescription, dans ce cas, a lieu « *... par dix ans, si le véritable proprié* « *taire habite dans le ressort de la cour royale dans* « *l'étendue de laquelle l'immeuble est situé; et par* « *vingt ans, s'il est domicilié hors dudit res* « *sort* (6). » « *Si le véritable propriétaire a eu son* « *domicile en divers temps, dans le ressort et hors* « *du ressort, il faut, pour compléter la prescription,* « *ajouter à ce qui manque aux dix ans de présence* « *(la loi veut dire : ajouter aux années de présence),* « *un nombre d'années d'absence double de celui qui* « *manque, pour compléter les dix ans de présence* (7). »

---

(1) Code Napoléon, article 2223.

(2) Voyez MARCADÉ, De la prescription, explication de l'article 2219 n° 8.

(3) Code Napoléon, article 2262.

(4) Voyez MARCADÉ, De la prescription, explication de l'article 2219, n° 8.

(5) Voyez MARCADÉ, De la prescription, explication de l'article 2219, n° 8.

(6) Code Napoléon, article 2265.

(7) Code Napoléon, article 2266.

On entend par juste titre, un titre (c'est-à-dire une cause d'acquisition) reconnu par la loi, et qui aurait transféré la propriété, s'il était émané du véritable propriétaire, capable d'aliéner (1).

On entend par bonne foi la croyance du possesseur, que l'aliénateur est propriétaire, qu'il est capable d'aliéner, et que le titre est valable (2).

« *Celui qui acquiert de bonne foi et par juste titre*
« *un immeuble, en prescrit la propriété par dix ans,*
« *si le véritable propriétaire habite dans le ressort...*
« *et par vingt ans, s'il est domicilié hors dudit*
« *ressort* (3). »

Telles sont les principales règles sur les deux espèces de prescriptions acquisitives pour les immeubles.
« *Les règles de la prescription sur d'autres objets*
« *que ceux mentionnés dans le présent titre* » (le titre « *de la prescription* ») « *sont expliquées dans*
« *les titres qui leur sont propres* (4). »

57. Établissement des servitudes réelles par prescription.

La Prescription, qui est un mode d'acquisition de la propriété, peut aussi servir à acquérir les servitudes réelles.

Mais, comme la destination du père de famille, elle ne s'applique pas à l'acquisition de toutes les servitudes réelles. Les seules qui puissent être établies par ce moyen sont encore celles qui sont à la fois continues et apparentes : « *Les servitudes continues et ap-*

---

(1) Voyez M. Félix Berriat-Saint-Prix, Notes sur le Code civil, n° 2297 ; et Marcadé, De la prescription, explication des articles 2265-2269, n° 2.
(2) Voyez Marcadé, De la prescription, explication des art. 2265-2269, n° 1.
(3) Code Napoléon, article 2265.
(4) Code Napoléon, article 2264.

« *parentes s'acquièrent,... par la possession,...* (1) » « *Les
« servitudes continues non apparentes, et les servitudes
« discontinues apparentes ou non apparentes, ne peuvent
« s'établir que par titres. — La possession même im-
« mémoriale ne suffit pas pour les établir...* (2) » (3) Et
en effet : — S'agirait-il d'une servitude réelle continue,
mais non-apparente, par exemple de la servitude de
ne pas bâtir? Mais le propriétaire qui s'abstient de bâtir sur son fonds ne fait, en cela, qu'exercer, comme il
l'entend, son droit de propriété; s'il ne bâtit pas, ce
n'est pas parce que son voisin l'en empêche; c'est pour
lui un acte de pure faculté, c'est-à-dire un acte qu'il
est libre de faire ou de ne pas faire; or, « *Les actes
« de pure faculté ... ne peuvent fonder ni possession
« ni prescription* (4). » Il n'y a donc pas, pour ce voisin, possession, et surtout possession non-équivoque,
du droit d'empêcher le propriétaire de bâtir : sa prétendue possession est équivoque, et quant à son intention d'exercer ce droit comme maitre de ce droit, et
quant à la publicité, car il s'agit d'une servitude non-
apparente, c'est-à-dire qui ne se manifeste par aucun
signe extérieur. Or, « *Pour pouvoir prescrire, il faut
« une possession ... publique, non équivoque et à titre
« de propriétaire* (5). » Ce voisin ne prescrit donc pas
le droit d'empêcher le propriétaire de bâtir à l'avenir;
il n'acquiert pas contre lui, par prescription, la servi-

---

(1) Code Napoléon, article 690.

(2) Code Napoléon, article 691.

(3) Voyez M. Demolombe, Cours de Code Napoléon, tome XII, n° 749;
MM. Du Caurroy, Bonnier et Roustain, Commentaire du Code Civil, tome II,
n° 847; et Marcadé, Cours de droit civil français, explication des articles 690
et 691, n° 1.

(4) Code Napoléon, article 2232.

(5) Code Napoléon, article 2229.

tude de ne pas bâtir (1). — S'agirait-il d'une servitude réelle discontinue (apparente ou non-apparente), par exemple d'un droit de passage (manifesté ou non par une porte)? Mais l'exercice de ce passage peut parfaitement s'expliquer par la complaisance du propriétaire du fonds, par son désir d'entretenir des relations de bon voisinage; c'est un acte de tolérance de sa part; or, « *Les actes … de simple tolérance ne peuvent « fonder ni possession ni prescription* (2). » Ce voisin n'a donc pas la possession, et surtout la possession non-équivoque, du droit de passage : sa prétendue possession est équivoque, dans les deux cas, quant à son intention d'exercer ce droit comme maître de ce droit, et, dans le cas de passage non manifesté par une porte, quant à la publicité encore, puisqu'alors il s'agit d'une servitude non-apparente. Or, « *Pour pouvoir pres-« crire, il faut une possession … publique, non-équi-« voque et à titre de propriétaire* (3). » Ce voisin n'acquiert donc pas par prescription la servitude de passage (4).

Quelques auteurs ont cru trouver dans une autre disposition de la loi, le motif pour lequel les servitudes réelles discontinues ne peuvent pas s'acquérir par prescription; ils ont pensé que c'est parce que ces servitudes manquent de continuité et que la continuité est

---

(1) Voyez M. Félix Berriat-Saint-Prix, Notes sur le Code civil, n° 2368-1°; M. Demolombe, Cours de Code Napoléon, tome XII, n° 785; MM. Du Caurroy, Bonnier et Roustain, Commentaire du Code civil, tome II, n° 849; et Marcadé, Cours de droit civil français, explication des articles 690 et 691, n° 1.

(2) Code Napoléon, article 2232.

(3) Code Napoléon, article 2229.

(4) Voyez M. Félix Berriat-Saint-Prix, Notes sur le Code civil, n° 2368-1°; M. Demolombe, Cours de Code Napoléon, tome XII, n° 786; MM. Du Caurroy, Bonnier et Roustain, Commentaire du Code civil, tome II, n° 849; et Marcadé, De la prescription, explication des articles 2229-2234, n° 1.

précisément un des caractères que doit avoir la possession ; « *Pour pouvoir prescrire, il faut une possession* « *continue...* (1). » Mais ils n'ont pas remarqué que ce même mot exprime deux idées différentes suivant qu'il s'applique à la possession ou aux servitudes : nous avons vu, en effet, que la possession est continue lorsqu'elle s'exerce par des actes aussi fréquents que le demande régulièrement la nature de la chose possédée ; or, une servitude discontinue, un droit de passage, par exemple, est parfaitement susceptible d'être possédée ainsi. Cette explication doit donc être rejetée (2).

Les servitudes à la fois continues et apparentes peuvent donc être acquises par prescription. Il n'est pas douteux qu'elles peuvent l'être par la prescription trentenaire : « *Les servitudes continues et apparentes s'ac-* « *quièrent ... par la possession de trente ans* (3). » Mais peuvent-elles également s'établir par la prescription de dix à vingt ans, dans le cas où le possesseur de la servitude aurait juste titre et bonne foi ? On dit d'abord que le Code Napoléon, admettant la prescription trentenaire sans titre, qui était repoussée par plusieurs coutumes, notamment par celles de Paris et d'Orléans, où l'on suivait la maxime « Point de servitude sans titre » , ne doit pas rejeter la prescription de dix à vingt ans, qui, nécessitant un titre, était reconnue comme suffisante par ces coutumes. On ajoute qu'il n'y a aucun motif raisonnable pour qu'il n'en soit pas ainsi

---

(1) Code Napoléon, article 2234.

(2) Voyez M. Demolombe, Cours de Code Napoléon, tome XII, n° 786; MM. Du Caurroy, Bonnier et Roustain, Commentaire du Code civil, tome II, n° 349; et Marcadé, De la prescription, explication des articles 2229-2234, n° 1.

(3) Code Napoléon, article 690.

pour les servitudes réelles, simple démembrement du droit de propriété, lorsque la propriété elle-même peut s'acquérir par cette prescription plus courte (1). Nous pensons néanmoins que la prescription trente-naire est seule applicable à l'établissement des servitudes réelles, et que le motif du législateur pour n'admettre que la prescription la plus longue, c'est que l'exercice d'une servitude réelle, serait-elle continue et apparente, n'éveille pas, comme la possession exercée à titre de propriétaire ou même d'usufruitier, l'attention de celui sur le fonds duquel on voudrait l'acquérir. De plus l'article que nous avons cité est formel; non-seulement il ne parle pas de la prescription de dix à vingt ans, non-seulement il ne renvoie pas aux règles ordinaires, soit expressément, soit en disant d'une manière générale : ...., *s'acquièrent par la prescription;* mais il précise la durée que doit avoir la possession : « ... *s'acquièrent par la possession « de trente ans.* » C'est là un cas d'application de cet article qui se trouve au titre « *De la prescription* », dans le chapitre intitulé « *Du temps requis pour pres- « crire* » : « *Les règles de la prescription sur d'au- « tres objets que ceux mentionnés dans le présent titre, « sont expliquées dans les titres qui leur sont pro- « pres* (2). » (3)

---

(1) Voyez M. Félix BERRIAT-SAINT-PRIX, Notes sur le Code civil, n° 2366; M. DEMOLOMBE, Cours de Code Napoléon, tome XII, n° 781; et MM. DU CAUR-ROY, BONNIER et ROUSTAIN, Commentaire du Code civil, tome II, n° 848.

(2) Code Napoléon, article 2264.

(3) Voyez M. Félix BERRIAT-SAINT-PRIX, Notes sur le Code civil, n° 2366; M. DEMOLOMBE, Cours de Code Napoléon, tome XII, n° 781; MM. DU CAUR-ROY, BONNIER et ROUSTAIN, Commentaire du Code civil, tome II, n° 848; et MARCADÉ, Cours de droit civil français, explication des articles 690 et 691, n° 2.

Le Code Napoléon résout enfin une question transitoire, relativement à l'établissement des servitudes réelles par prescription. D'après la règle nouvelle et générale qu'il a posée, les servitudes à la fois continues et apparentes sont les seules qui puissent s'acquérir par prescription; quant aux autres, « *La possession même* « *immémoriale ne suffit pas pour les établir* ... (1). » Mais, comme on admettait autrefois dans plusieurs provinces la règle opposée, surtout lorsque la possession de la servitude était immémoriale, c'est-à-dire telle que personne ne se rappelait même avoir entendu parler d'une époque où la servitude n'existait pas, le Code distingue, relativement aux servitudes réelles qui ne sont pas à la fois continues et apparentes, entre celles qui étaient déjà établies par la prescription au jour de la promulgation de la loi nouvelle (10 février 1804) et celles qui ne l'étaient pas encore : il applique à ce cas particulier la disposition d'après laquelle « *La loi ne* « *dispose que pour l'avenir; elle n'a pas d'effet ré-* « *troactif* (2), » et il décide, en conséquence, que la règle nouvelle exclura de l'acquisition par prescription les servitudes réelles qui ne sont pas à la fois continues et apparentes, « *sans cependant qu'on puisse* « *attaquer aujourd'hui les servitudes de cette nature* « *déjà acquises par la possession, dans les pays où elles* « *pouvaient s'acquérir de cette manière* (3). » Cette disposition, importante lorsqu'elle a été promulguée, a perdu chaque jour, depuis lors, de son utilité, car il est devenu toujours de plus en plus difficile de

---

(1) Code Napoléon, article 691.

(2) Code Napoléon, article 2.

(3) Code Napoléon, article 691.

6.

prouver que la possession était déjà immémoriale au 10 février 1804 (1).

—

Tels sont les divers modes d'établissement des servitudes réelles en droit français.

—

(1) Voyez M. Félix BERRIAT-SAINT-PRIX, Notes sur le Code civil, n° 2368-2 ; M. DEMOLOMBE, Cours de Code Napoléon, tome XII, n°° 798 à 801 ; MM. DU CAURROY, BONNIER et ROUSTAIN, Commentaire du Code civil, no 350 ; et MARCADÉ, Cours de droit civil français, explication des articles 690 et 691, n° 1.

Rappelons encore, en terminant cette seconde partie, que dans notre penseé (n° 12), les trois chapitres précédents, sur la Nature, les Divisions, et l'Établissement des servitudes réelles en droit français, devraient être suivis, afin de former un traité complet des Servitudes réelles en droit français, de trois autres chapitres ainsi intitulés :

Chapitre IV. — Des Effets des Servitudes réelles.

Chapitre V. — De l'Extinction des Servitudes réelles.

Chapitre VI. — De la Garantie des Servitudes réelles.

PROPOSITIONS.

DROIT ROMAIN.

1. — La division des servitudes réelles en servitudes de fonds ruraux et servitudes de fonds urbains ne se fonde ni sur le caractère (rural ou urbain) du fonds auquel est due la servitude, ni sur le caractère du fonds qui la doit.

2. — Les pactes et les stipulations ne peuvent établir de véritables servitudes réelles.

3. — Lorsque le propriétaire d'un fonds intente l'action négatoire, il n'est tenu à prouver directement la non-existence de la servitude qu'on prétend avoir sur son fonds, qu'autant que l'exercice de cette servitude a commencé.

4. — L'accession est un mode d'acquérir la propriété.

DROIT CIVIL FRANÇAIS.

5. — Les servitudes *« qui dérivent de la situation des lieux »* et celles qui sont *« établies par la loi »* ne sont pas, à proprement parler, des servitudes.

6. — Les servitudes réelles, apparentes, mais non continues, ne peuvent pas être établies par la destination du père de famille; mais elles continuent d'exister, si les deux fonds entre lesquels elles ont été une fois légalement établies, après avoir appartenu temporairement au même propriétaire, sont de nouveau séparés.

7. — Les servitudes réelles, même continues et apparentes, ne peuvent pas s'acquérir par la prescription de dix à vingt ans.

8. — Un enfant naturel ne peut pas être adopté par le père ou par la mère qui l'a reconnu.

9. — L'obligation de construire un immeuble constitue pour le créancier, un droit immobilier.

10. — Les immeubles dotaux de la femme mariée sous le régime dotal, perdent leur caractère d'inaliénabilité, après la séparation de biens.

DROIT CRIMINEL.

11. — L'intention, élément important dans la mesure de la culpabilité, n'est pas un élément nécessaire de l'imputabilité.

12. — L'ivresse, à moins qu'on ne se soit mis dans
cet état pour s'exciter à commettre le crime
ou le délit, est une cause de non-imputa-
bilité ou de diminution de culpabilité.

DROIT DES GENS.

13. — Les ministres d'une nation, accrédités auprès
d'une nation étrangère, jouissent du privi-
lége de l'exterritorialité.

14. — Les ministres d'une nation, accrédités auprès
d'une nation étrangère, sont exempts de la
juridiction criminelle de l'état dans lequel
ils résident.

HISTOIRE DU DROIT.

15. — Le système féodal mettait en état de subordi-
nation, et les immeubles, et les droits de
domaine, et les personnes.

Vu par le président de la thèse,
E. BONNIER.

Vu par le doyen,
C.-A. PELLAT.

TABLE DES MATIÈRES.

SECONDE PARTIE. — DROIT FRANÇAIS.

CHAPITRE I. — DE LA NATURE DES SERVITUDES RÉELLES.

CHAPITRE II. — DES DIVISIONS DES SERVITUDES RÉELLES.

SECTION PRÉLIMINAIRE.

SECTION I.

SECTION II.

SECTION III.

§ 1.

§ 2.

SECTION IV.

§ 1.

§ 2.

21. Importance de cette division : Les servitudes réelles non apparentes ne s'acquièrent pas par la quasi-possession, ni par la destination du père de famille, et elles sont irrévocablement éteintes par la confusion. 40

CHAPITRE III. — DE L'ÉTABLISSEMENT DES SERVITUDES RÉELLES.

SECTION I.

SECTION II.

SECTION III.

§ 1. — *Le Titre exprès.*

I. — Les Contrats.

II. — Les Donations entre-vifs.

III. — Les Testaments.

§ 2. — La Destination du père de famille.

Appendice au § 2.

§ 3. — La Prescription.

FIN.

PARIS. — IMPRIMERIE DE W. REMQUET ET Cⁱᵉ,
rue Garancière, 5, derrière Saint-Sulpice.